suhrkamp taschenbuch 3162

Claudio Abbado ist einer der großen Dirigenten der Gegenwart. Er ist mit den berühmtesten Orchestern in den Konzertsälen und Opernhäusern der Welt zu Hause, seine Schallplatten sind begehrt, das Publikum kennt ihn vom Hören. Aber wer kennt Abbado, der sein Privatleben immer vor öffentlicher Zudringlichkeit geschützt hat, als Person?

Nun hat er Frithjof Hager aus seinem Leben berichtet. Von seinem musikalischen Elternhaus, seinen Studienjahren in Wien, seiner Freundschaft mit Luigi Nono und Mauricio Pollini, seinen Begegnungen mit Bruno Walter und Herbert von Karajan, seiner beruflichen Karriere spannt sich der Bogen bis hin zu seiner politischen Haltung und seinen literarischen Vorlieben. In diesen Gesprächen hat er so viel gezeigt, wie nötig war, um den Lesern seine musikalische Erfahrung und Bildung verständlich zu machen: seine Welt aus Tönen, die er ebenso liebt wie seine Musiker und sein Publikum, das am Abend verführt werden soll: zu hören, was die Seele verspricht.

Frithjof Hager, geboren 1946, lebt in Berlin und unterrichtet an der Freien Universität Berlin u. a. audiovisuelle Soziologie, Historische Anthropologie, politische Ökologie und Kultursoziologie.

Frithjof Hager
Claudio Abbado

Die Anderen in der Stille hören

Mit Fotografien von
Cordula Groth

Suhrkamp

Umschlagfoto: Cordula Groth

suhrkamp taschenbuch 3162
Erste Auflage 2000
Originalausgabe
© Suhrkamp Verlag Frankfurt am Main 2000
Suhrkamp Taschenbuch Verlag
Satz: Jung Satzcentrum, Lahnau
Druck: Nomos Verlagsgesellschaft, Baden-Baden
Printed in Germany
Umschlag nach Entwürfen von
Willy Fleckhaus und Rolf Staudt

1 2 3 4 5 6 – 05 04 03 02 01 00

Für diejenigen,
denen das Leben
Musik
und die Musik
Leben
bedeutet

Die Stille.

Es ist schwierig, sie zu hören.

Sehr schwierig, in der Stille die Anderen zu hören.

Andere Gedanken, andere Geräusche, andere Klänge, andere Ideen. Wer hört, versucht oft, sich selbst in den Anderen wiederzufinden. Seine eigenen Mechanismen, sein System, seinen Rationalismus wiederzufinden im Anderen.

Das ist ein ganz konservativer Zwang.

Statt die Stille zu hören, statt die Anderen zu hören, hofft man, sich wieder selbst zu hören. Dies ist eine Wiederholung, die akademisch, konservativ, reaktionär wird. Dies ist eine Mauer gegen die Gedanken, gegen das, was man heute noch nicht erklären kann. Das ist die Folge einer systematischen Denkweise, die auf – innerlichen oder äußerlichen, sozialen oder ästhetischen – Apriori beruht. Man liebt die Bequemlichkeit, die Wiederholung, die Mythen; man liebt es, immer wieder dasselbe zu hören, mit jenen kleinen Unterschieden, die erlauben, die eigene Intelligenz unter Beweis zu stellen.

Die Musik hören.

Das ist sehr schwierig.

Heute, wie ich glaube, ein seltenes Phänomen.

Man hört Literarisches, man hört, was geschrieben wurde, man hört sich selbst in einer Projektion...

Der Raum.

Der klassische Konzertsaal ist ein schrecklicher Raum.

Denn er bietet nur *eine* Möglichkeit, nicht mehrere.

Jeder Konzertsaal erfordert eine ganz spezielle Auseinandersetzung. Wie früher, als man für diesen oder jenen

Ort, diese oder jene Gelegenheit schrieb. Die Musik, die ich zu finden suche, wird im Zusammenhang mit dem Raum geschrieben: Sie wird sich nicht in irgendeinem anderen Raum entsprechen, sondern sie arbeitet mit diesem einen.

Das erlaubt eine große Vielfalt. Wenn es einen Sinn für die Wirklichkeit gibt, muß es auch einen Sinn für das Mögliche geben. Es ist nicht wahr, daß das, wofür man sich entschieden hat, einzigartig und richtig ist; vielleicht ist das, was man nicht gewählt hat, richtiger. Bei der Arbeit im Studio, in der elektronischen Musik, erfährt man das. Es gibt viel Unvorhergesehenes, Zufälle, Irrtümer.

Denn der Irrtum ist es, der die Regeln bricht.

Die Überschreitung.

Das, was sich gegen die etablierte Institution wendet.

Das, was in andere Räume, andere Himmel, andere Emotionen treibt, im Inneren und im Äußeren, ohne die in banaler und manichäischer Denkweise noch heute verfochtene Dichotomie zwischen beidem.

Vielfalt des musikalischen Denkens.

Keine musikalischen Formeln, Regeln oder Spielereien.

Ein musikalisches Denken, welches das Denken der Musiker verändert, statt ihnen einen neuen Beruf zu geben. Einen Beruf, der ihnen gestattet, sogenannte Gegenwartsmusik zu machen, einen Beruf, den man wie Formeln verwenden kann.

Als Schönberg seine Konzertpraxis begründete, setzte er immer sehr viele Proben an. So hat er für die Kammersymphonie op. 9 über zehn Proben abgehalten. Das Konzert hat er aber nicht gegeben.

Das gab mir zu denken.

Das Erarbeiten ist ein Suchen ohne Ende. Die Finalität, das Realisieren, das ist eine andere Denkweise. Vielleicht ist Schönbergs Idee keine Absurdität, sondern enthält eine große Wahrheit. Oft brechen beim Erarbeiten oder während der Proben Konflikte auf. Doch das sind sehr bewegende Momente. Das Konzert nachher ist ritueller Ablauf.

Vielleicht ist es möglich, dieses Ritual ändern, vielleicht ist es möglich zu versuchen, das Ohr zu sensibilisieren.

Das Ohr sensibilisieren, die Augen, das menschliche Denken, die Intelligenz, ein Höchstmaß an nach außen gerichteter Innerlichkeit.

Das ist heute das Wesentliche.

Luigi Nono: *Der Irrtum als Notwendigkeit*

Erstes Kapitel

E a-la-vò

E a-la-vò, voli li canti,
    Er liebt die Gesänge,
Comu li figghi di li mircanti;
    Wie die Söhne der Straßenhändler es tun;
Voli li canti e li canzuni
    Er liebt die Gesänge und Lieder,
Comu li figghi di li baruni.
    Wie die Kinder der Reichen es tun.
E a-la-vò.

(Sizilianisches Volkslied)

Die Probe

Die ersten Töne sind schon morgens, lange vor zehn zu vernehmen. Der Saal liegt in klarem und heiterem Licht, und die Musiker versammeln sich wie stets zur Probe. Um sie herum steigen die Sitzreihen nach oben. Deren gelbliche Bespannung und der hellgraue Marmor der Brüstung sind der Hintergrund, vor dem die Farben ihrer Instrumente, der warme Holzton der Streicher und das Aufleuchten der Hörner und Trompeten schimmern.

Im Anstreichen der Saiten, im Quieken und Quäken der Bläser entsteht eine kleine Pause. Einer der älteren Violaspieler ist aufgestanden, macht ein sachtes Zeichen und sagt den Geburtstag seiner jüngeren Pultnachbarin an; er hat ihr einen Blumenstrauß mitgebracht. Und es steigert das beifällige Gebrummel aus den Instrumentengruppen, als sich herumspricht, daß einer der Geiger gerade Vater geworden ist. Den macht das ermunternde Schulterklopfen der Kollegen und das sachlich beratende Interesse der Frauen aus dem Orchester doch auch ein wenig verlegen.

Die Berliner Philharmoniker sind unter sich, in ihrem eigenen Alltag.

Claudio Abbado kommt herein, im Gespräch begriffen, den Pullover um die Schulter geschlungen, gibt dem Konzertmeister die Hand, begrüßt am Pult die anderen mit einem freundlichen Lächeln, ein Blick, eine Bewegung der rechten Hand; der erste Satz der ersten Symphonie von Brahms beginnt.

Der Intendant, der ihn begleitet hat, lauscht eine Weile und geht zufrieden, weil unbesorgt, wieder zurück an seinen Schreibtisch. Mit ihm der Orchesterwart, der sich noch einmal der Ordnung wegen vergewissert hat wie vorher die Notenarchivarin. Im Saal sitzen einige wenige, jeder für sich ganz beschäftigt mit dem, was sich ereignet.

Und ich sitze da, neben mir die Jacke auf der Lehne, auf dem Sitz daneben das Schreibheft und der Kugelschreiber und höre die lieben altvertrauten Klänge, manchmal unterbrochen von ein paar kurzen Worten von Abbado, schon stellt sich eine Balance ein, die vorher nicht bestand, ein Wohlgefühl, das das Stimmige erzeugt, eine leidenschaftliche Klarheit, eine Begeisterung darüber, daß es gelingt, daß es jetzt, heute morgen, tönt, jubiliert und daß rauschend prägnant hervortritt: die Gestalt der Musik selber und daß sie da ist, hier ist in diesem Moment, in diesem Augenblick – dieses Glück einer Welt, die ein Zuhause ist, in der die Seele spricht und ihr Leben zeigt.

Brahms hat es gekannt. Die ungeheuerliche schmerzhafte Spannung, die vorher, im ersten Satz, alle Töne aufgeladen hat, in ihrer Zusammenballung durch die Pauke erzwungen, löst sich im zweiten Satz, im Solo der Violine, in ihrem Jauchzen, in ihrem Singen, im Zauberwort: in der eigenen Sprache und in ihr der Atem der Welt gefunden, endlich auf.

Er hat eine lange Zeit gebraucht, um den Ausdrucksstil seiner ersten Symphonie zu finden. Und doch, welche Anstrengung unternahm er für dieses Ziel. Robert Schumann, sein Freund, schreibt an Joseph Joachim, seinen anderen Freund – Brahms war jung und ihnen eine große Hoffnung: »Nun – wo ist Johannes? Ist er bei Ihnen? ... Fliegt er hoch – oder nur unter Blumen? Läßt er noch keine Pauken und Drommeten erschallen? Er soll sich immer an die Anfänge der Beethovenschen Symphonien erinnern; er soll etwas Ähnliches zu machen suchen. Der Anfang ist die Hauptsache; hat man angefangen, dann kommt Einem das Ende wie von selbst entgegen ...«[1]

Wie beginnen? Wie hat ihn das Pochen der Pauken und der Schall der Hörner und Trompeten zuinnerst aufgerührt, in der Musik des anderen, des »Riesen«: in der IX. Symphonie von Beethoven. Dieses Erlebnis ließ ihn lange nicht los.

Auf welche Weise sollten jetzt noch Orchesterwerke geschrieben werden? Sein Zögern – das über zwanzig Jahre dauerte –, die Entwürfe, Umarbeitungen und Neuanfänge machen es erkennbar: Er hat diese Frage ausgehalten – wie ich glaube –, bis er seine entscheidende Idee, jede Orchesterstimme zum Singen zu bringen, kompositorisch angemessen wirklich werden lassen konnte.

Beethoven hat die Instrumente des Orchesters zum Reden gebracht und ihnen die menschliche Stimme beigesellt, Brahms den klanglichen Ausdruck der einzelnen Instrumente wie ein Individuum behandelt und entwickelt: jeder Stimme ihre Eigenwertigkeit zurückgegeben, jede in sich selbständig gemacht. So hat er Schumanns Rat, die altklassischen Chorwerke zu studieren, um »hinter den Gesangsgeist zu kommen«[2], praktiziert, indem er sich der Polyphonie zuwandte. Sein orchestraler Klang findet sich nun nicht mehr zuerst in einer größeren Einheit zusammen, sondern – da ist die Moderne der Musik bereits gegenwärtig – in ihm ist nun das Geflecht der autonomen Stimmen zuallererst zu hören.

Ein Gedanke, wie er sich im 2. Satz der I. Symphonie deutlich zeigt: Die Oboe, der die Klarinette antwortet; die Violine, im Zwiegespräch mit dem Horn, die dann als eine und als einzige spricht und die sich wieder mit den anderen Instrumenten verbindet – hier *verwandeln* sich die Stimmen des Orchesters ins Individuelle.

Dasjenige Instrument aber, das diese Transformation möglich macht, ist die Pauke in ihrem Solo, etwa im Takt 66, wo für einen kurzen Moment alle anderen Instrumente schweigen.

Es scheint dieses Instrument in dieser Symphonie doch unüberhörbar zu sein. Der Schrecken, den die Pauke im *Allegro ma non troppo, un poco maestoso* der IX., d-moll, verbreitet, hallt im *un poco sostenuto-Allegro* der Ersten, c-moll, wider. Aber Brahms hat seinem großen Vorbild wi-

Johannes Brahms, Symphonie Nr. 1, c-moll, op. 68;
zweiter Satz, Takt 66-70 (siehe Takt 66, zweites Viertel)

dersprochen: Das leise Paukensolo hier ist der Drehpunkt seines Werkes, das ihn zu seinen eigenen symphonischen Ideen, zu seinem eigenen Orchesterton geführt hat.

Es gibt noch einen Widerspruch auf einem anderen Niveau. In seinem Aufsatz *Brahms, der Fortschrittliche* insistiert Arnold Schönberg auf dem Begriff musikalischer *Gedanke*. Die Klangrede, in der dieser sich darstellt, entspricht in ihren Elementen der Sprache, die Gefühle oder Gedanken in Worte und Syntax faßt.[3] Könnte es nicht sein, daß Brahms Beethovens umfassende Großartigkeit »alle Menschen« zu dem demokratischen Gedanken »jeder einzelne Mensch« verwandelt – und sprechen nicht die verschiedenen Instrumentensoli im zweiten Satz davon? Sprechen sie nicht davon: jeder Bürger sei mit sich und den Anderen im schwankenden, aber doch verantwortungsvollen Einklang in der Verwandlung durch den Gesang?!

Ist dies nur eine schöne Illusion, eine anrührende Kunstphantasie? Wie in dem Märchen vom Jüngling, dem, um die Königstochter zu erringen, die Aufgabe gestellt war, etwas zu schaffen, was vorher noch keiner gesehen hatte – der also der ewigen Anstrengung jeder künstlerischen Produktion unterworfen wird, etwas Neues, noch nie Dagewesenes zu erfinden; der deshalb ebenso, durch seinen Wunsch getrieben, hilflos wird und verzagt, und der erst in der äußersten Bedrängnis – im Märchen wie in der Kunst – zu einem Gelingen findet. Erst da erscheint die Feekönigin und überreicht ihm ein Geschenk; nicht etwas durch Leistung oder durch Mühen Erworbenes, sondern eine Gabe ohne Gegenwert. Nicht Geld, Macht und nicht Bedrohung haben dies erzwingen können, nein, nur sein Wunsch, der begehrten Frau zu gefallen, und sein Leid. Er erhält von der Fee eine kleine Kiste und ein Stäbchen. Dann sagt sie: »Reiß mir Haare von meinem Kopf und spanne sie über die Kiste.« Der Jüngling tut wie ihm geheißen. »Streich mit dem Stäbchen über die Haare der Kiste.« Der Jüngling tut es.

Erst jetzt, erst im Ausprobieren, im Üben und Erproben trifft er den Ausdruck, der ihm vorher nur als Ahnung vor Augen schwebte. Und nun kann die Fee zu ihm sagen: »Diese Kiste soll eine Geige werden und die Menschen ihre Gefühle hören lassen, je nachdem, wie Du es willst.« Hierauf nahm sie die Kiste und lachte hinein, dann begann sie zu weinen und ließ ihre Tränen in die Kiste fallen. Sie sprach: »Streich nun über die Haare der Kiste.« Der Jüngling tat es, und es strömten aus der Kiste Lieder, die das Herz bald traurig, bald fröhlich stimmten. Dann kam der Jüngling vor den König und begann zu spielen, und der König war außer sich vor Freude, der Jüngling bekam die Tochter zur Frau, und alle lebten in Glück und Zufriedenheit. So wurde ihm zu eigen, was er so sehr gesucht hatte, ohne es doch von vornherein zu wissen. So kam die Geige auf die Welt, so berichtet es das Zigeunermärchen. Und davon redet diese Kunst.

Der Wunsch

FRITHJOF HAGER: Die Musik hat doch immer noch das letzte Wort.

Claudio Abbado, dem ich wie so oft für unsere Gespräche im Dirigentenzimmer gegenübersitze, lächelt: Oder das erste –

FRITHJOF HAGER: Wie macht man Klänge?

CLAUDIO ABBADO: Indem man sie geschehen läßt.

FRITHJOF HAGER: Was heißt das?

CLAUDIO ABBADO: Es gibt eine Erfahrung, die sich in meiner Arbeit immer wieder zeigt: Daß man nichts entdekken, daß man nichts erreichen kann, ohne Liebe dafür zu empfinden. Nichts kann ohne sie entstehen. Vielleicht treiben denjenigen, der in ein Konzert geht, und der in der

Schule bei einem guten Lehrer Musikunterricht hatte, Neugier und Interesse dahin, vielleicht möchte er ein Werk hören, zu dem er ein besonderes Verhältnis hat, sei es ein kulturelles, sei es ein biographisches – wie immer: er kommt nicht zufällig, sondern er sucht etwas. Von da zur tiefen Leidenschaft ist es nur ein Schritt. Wer sich dieser Versuchung hingibt, erwirbt nicht etwas Sicheres, sondern er wächst gemeinsam mit der Sache: im Studieren, im Nachdenken und im Verknüpfen der Arbeit von Lehrern, Komponisten, Interpreten und Organisatoren. Es ist nicht weit vom Einfallsreichtum des Musikerfinders oder Musikmachers zur schöpferischen Kraft des Hörers.

FRITHJOF HAGER: Und wie haben Sie das erfahren können?

CLAUDIO ABBADO: Wie ich zu diesem Wissen gekommen bin?

Unser Zuhause war immer von Klängen erfüllt – von denen der Schüler meiner Mutter, die Klavierunterricht gab, und von denen meines Vaters, der Geigenlehrer war; und von seinen Freunden, die mit ihm zusammen spielten. Ich war noch sehr klein, da hörte ich schon die alten Schellackplatten, die sich schwerfällig unter der Metallnadel des alten Grammophons drehten. Ach, was waren das für Klänge!

FRITHJOF HAGER: Blechern und schön und wie aus einer anderen Welt: Jene ferne Fülle des Wohllauts.

CLAUDIO ABBADO: Ich habe mich immer gefragt, wie denn ein Mensch, der ja in diesem merkwürdigen Möbelstück versteckt sein mußte, so viele Töne machen kann.

FRITHJOF HAGER: Hans Castorp, dieser rührende Held, den dieser Zauberkasten nicht weniger faszinierte, »sah im Traume die Drehscheibe um ihren Zapfen kreisen, schnell bis zur Unsichtbarkeit und lautlos dabei, in einer Bewegung, die nicht nur eben in dem wirbeligen Rundfluß, sondern auch noch in einem eigentümlichen seitlichen Wogen bestand, dergestalt, daß dem nadeltragenden Gelenkarm, unter dem sie hinzog, ein elastisch atmendes Schwingen mitgeteilt wurde, – sehr dienlich, wie man glauben mochte, dem vibrato und portamento der Streicher und der menschlichen Stimmen; doch unbegreiflich blieb es, im Traum nicht weniger als im Wachen, wie das bloße Nachziehen einer haarfeinen Linie über einem akustischen Hohlraum und einzig mithilfe des Schwingungshäutchens der Schallbüchse die reich zusammengesetzten Klangkörper wiedererzeugen konnte...«[4]

CLAUDIO ABBADO: Unbegreiflich blieb es, im Traum wie im Wachen. Ich erinnere mich: eines Nachts, ich war vier Jahre alt, träumte mir: Der Deckel des Grammophons öffnete sich wie durch einen Zauberspruch, viele kleine Männchen kletterten heraus, jedes mit seinem Instrument. Unbekümmert spazierten sie im Haus herum, über die Stühle, die Kommode, über mein Bett hinweg, und kehrten morgens in der Dämmerung in ihr klingendes Haus zurück. Das beschäftigt mich noch heute. Auch wenn ich doch eigentlich wissen müßte, wie ein Plattenspieler funktioniert, stelle ich mir gern vor, daß sich in der Nacht das Haus mit diesen winzigen, geheimnisvollen Musikern bevölkert.

FRITHJOF HAGER: Manchmal ist der Zauberberg doch ganz nahe.

CLAUDIO ABBADO: Als ich zum ersten Mal in das Teatro alla Scala gehen durfte, mit meinen Eltern und meinem Bruder Marcello, war ich sieben Jahre alt.

FRITHJOF HAGER: »Die Scala: roter Samt, alte Spiegel und alte vergoldete Verzierungen in den schönsten Logen.«[5]

CLAUDIO ABBADO: Da saßen wir nicht; wir standen ganz oben, in der *loggione*, der obersten Galerie unter dem Dach. Ich konnte mich zwar noch nicht so weit über die Brüstung lehnen, so groß war ich noch nicht, aber ich sah von da oben – wie in meinem Traum – weit weg und winzig klein viele Menschen, die Musik machten, und einen Mann, der diese wunderbaren Klänge entfesselte. Es waren die *Nocturnes* von Debussy, der seine Musik erfindet, als würde er mit Licht und Farben malen. Das zweite Nocturne, *Fêtes*, das hat mich besonders beeindruckt: der Klang der Trompeten, der wie aus der Ferne kommt, immer intensiver wird, wie eine Verlockung, ein Versprechen. Dieses erste Konzert in der Scala war für mich wie ein Wunder. Es war nicht zu glauben! Was da geschah, ich konnte es nicht verstehen. Ich war überwältigt und habe nur gestaunt: Dieser kleine Mann da unten, wie rief er das mit seinen kleinen Gesten hervor? Dieser reine Klang – was für eine schöne Erinnerung.

Viele Jahre später habe ich meinem Sohn, als er so alt war wie ich damals, die *Nocturnes* auf der Schallplatte vorgespielt. Er schaute mich mit großen Augen an, als hätte ich ihm ein schönes Märchen erzählt, und merkwürdig war, es wiederholte sich genau an der gleichen Stelle der Musik: Er war hingerissen.

Ich weiß noch, als ich damals nach diesem Konzert mit meinen Eltern nach Hause kam, schrieb ich sofort in mein Tagebuch, daß ich eines Tages diese Musik von Debussy machen werde. Ich wollte auch unbedingt wissen, wer das war, der da auf dem roten Podium stand und so zaubern konnte. Seinen Namen – Antonio Guarnieri – habe ich nicht vergessen. Es war immer nur diese eine Idee: Gemeinsam mit so vielen Musikern diese Klänge hervorzubringen – das hat mich fasziniert. Ich wollte auch so zaubern können.

Kindheit

Auf dem Stadtplan des kleinen Reiseführers von Mailand, den ich mitgebracht habe, zeigt Claudio Abbado auf das Planquadrat mit der Straße, in der er aufwuchs.

CLAUDIO ABBADO: Wir lebten in der Via A. Fogazzaro nahe der Porta Vittoria, in einer Wohnung im vierten Stock.

Welches Interesse bewegt uns, Sie, den Leser dieser Zeilen, und mich, etwas über die Kindheit und Jugend eines anderen Menschen zu erfahren? Warum besteht sie und wozu dient diese Neugier auf ein fremdes Leben, das sich trotz aller forschenden Anstrengung, sich seiner zu bemächtigen, in seinen Geheimnissen doch nicht aufdecken läßt?

Nur scheinbar geben die Biographien von Berühmtheiten auf die Frage, wie diese es gemacht haben, zum Erfolg zu kommen, eine Antwort. Eher bieten sie doch der angenehmen Illusion, im Akt des Aufschreibens und des Lesens an jenem Ruhme teilzuhaben, eine Chance. Aber steckt in dieser Täuschung nicht auch Neid: ein neidvoller Selbstbetrug? Wer bewundert wird, soll doch vergleichbar bleiben mit dem Leben eines jeden: Das Außerordentliche soll in der Ordnung des Alltags verschwinden, das Singuläre, das Einzigartige, das ihn sprengt, soll nicht gelten.

Das ist wie eine Gier und sehr verbreitet. Wehe dem, der in der Öffentlichkeit sich in seiner Eigenart behauptet, nicht den hämischen Üblichkeiten der Gleichmacherei sich übergibt, nicht mitmacht in jenem Spiel der kläglichen Klischees von Geld, Macht, Ranküne und Intrige.

Aber vielleicht verbirgt sich dahinter doch noch etwas anderes. Derjenige, der aus den vielen hervortritt, ist als einzelner wahrnehmbar und kann sich in seiner Einzigartigkeit den anderen zeigen. Gerade in dieser teilt er sich uns mit, uns, die wir, jeder von uns, das Leben in seiner Einmaligkeit leben. In dieser Unverwechselbarkeit können wir uns erkennen und wollen es auch – unaufhörlich. Deshalb – und ich glaube nur deshalb – werden die Geschichten der anderen geschrieben, erzählt und dargestellt, von dem Einen für den Anderen. In diesem Bedürfnis, sich über das Unverwechselbare und Unverfügbare des einen Lebens, das jeder für sich hat, etwas sagen zu lassen zur Erkenntnis des Anderen, in diesem Bedürfnis sind wir uns alle gleich: Mensch sein; was ist das? – dieses währende Rätsel ohne Ende.

Wie ist aber diese paradoxe Mitteilung über die Gleichheit, die nur in der gänzlichen Verschiedenheit der Individuen bestehen kann, beschaffen?

In Begriffen oder Theorien fühlt der Eine dem Anderen sich nicht nahe – Erklärungen dieser Art werden in der Sprache der Erwachsenen formuliert; man redet von oben, vom Überblick aus, und nach außen gewendet. Aber es gibt auch ein Sprechen von innen her, von unten. Kommt die Geschichte eines anderen Menschen zur Sprache, hören die einander zu, die an ihr interessiert sind, und ihre Seelen können sich berühren in dem, was sie gemeinsam haben: ihre Kindheit.

Aber wie soll diese Vergangenheit, die jedem doch für sich gehört und daher als Privates bei ihm verbleiben muß, sprechen können? Diese Vergangenheit ist oft stumm und für sie finden sich die Worte nicht.

Wohl aber lebt doch die Erinnerung an etwas Gegenwärtiges, das oft lediglich nur nicht gelten soll, also bloß ignoriert wird: an das Kind, das die Seele jetzt ist; an die Kindheit als den dauernden Zustand der Psyche.

Wir wissen dies alle und schweigen darüber.

Und doch: Tritt einer hervor und zeigt sich in seiner Kunst, so spricht er von dieser Gegenwärtigkeit. Nur deshalb hören wir ihm zu, seiner Geschichte, in der er sagt: Ich bin es (das Kind) – ich bin genauso, wie ihr seid, und ich bin wie ihr genauso verschieden. Diese Paradoxie läßt sich nur in einer anderen auflösen, in der Vergegenwärtigung der Künste, die zeigen, was es heißt: werde, der du bist, und die diese Forderung darstellen in ihrer verschiedenen Gegenständlichkeit, in der diese Erfahrung Gestalt gewonnen hat: als Buch, als Bild, als Film, als Theaterstück.

Aus ihnen heraus tritt aber die eine Kunst, die nicht Gegenstand wird, in der sich die Zeit selbst zu Worte meldet, unfaßlich und doch lebendig: die Musik: »Das Kind – es schwebt! Es berührt nicht die Erde mit seinen Füßen. Es ist nicht der Schwere unterworfen. Es ist fast unkörperlich. Seine Materie ist durchsichtig. Es ist tönende Luft. Es ist fast die Natur selbst. Es ist frei.«[6]

CLAUDIO ABBADO: Aber die Tonkunst ist nicht nur irgendwie bewegte Luft, sondern tönender Atem, der von einem Körper erzeugt wird und auf einen anderen Körper prallt, der ihn fühlt und der deshalb antwortet. Das weiß doch jeder – und gerade jeder kleine Mensch, wenn er etwas will.

Wie oft hat meine Mutter uns Kindern Geschichten erzählt oder vorgelesen, Geschichten aus ihrer Heimat Sizilien und aus Persien, die sie von ihrem Vater gehört hat, oder die sie gerade in dem Moment, wo wir bei ihr saßen, erfand; mit einer Vorstellungskraft, die so stark war, daß wir oft gar nicht wußten, was stimmte, was der Realität oder was ihrer Phantasie entsprang. In ihren letzten Jahren, sie war über 85 Jahre alt, haben ihre Augen nachgelassen. Aber: *era una mangiatrice di libri* – sie hat doch die Bücher immer verschlungen. Da sie die Texte nicht mehr entziffern konnte, war es nun umgekehrt: Die Familie, die Freunde, wir alle haben ihr immer wieder, was es auch gab, Neuigkeiten, Romane, Geschichten zu Gehör gebracht. Einmal habe ich ihr etwas auf sizilianisch vorgele-

sen, ein Dialekt, den ich nicht gerade gut sprechen kann;
das hat uns erheitert, und sie hat dann gesagt: Nein, Claudio, das heißt so! und hat meinen Tonfall, die Aussprache und die Wortfärbung korrigiert – genauso wie früher mein Klavierspiel. Sie war meine erste Lehrerin. Ihre Stimme war immer noch, auch in diesem Alter, warm und voll. Manchmal hat sie mir von uns, als wir Kinder waren, erzählt: Weißt du noch? oder hat ein Kinderlied aus ihrer Heimat gesungen.

> A-la-vò ed a-la-ninna:
> Rórmiri voli e di lu sonnu spinna.
>> Schlafen möcht' es und kosen
>
> A-la-vò, rormi ed abbenta:
>> Da schläft es ein und schwebt von dannen
>
> Voli la naca 'mmenzu l'amenta
>> Träumt seine Wiege im Minzenhain
>
> A-la-vò, ca rormi e chianci:
>> Dort schläft es und weint
>
> Voli la naca 'mmenzu l'aranci.
>> Träumt seine Wiege bei den Orangen
>
> A-la-vò, ca rormi e riri,
>> Dort schläft es und lacht
>
> Voli la naca 'mmenzu l'alivi.
>> Träumt seine Wiege unter Oliven
>
> A-la-vò, rormi e riposa:
>> Dort schläft es und ruht
>
> Voli la naca 'mmenzu la rosa.
>> Es träumt seine Wiege auf Rosen
>
> E a-la-vò.[7]

FRITHJOF HAGER: Vielleicht bildet sich Erfahrung nicht zuerst im Sichtbaren, sondern ist – im eigenen Leben – zuerst hörbar. Von der Zeugung an dauert es 135 Tage, bis der menschliche Embryo das Innenohr fertiggestellt hat. Während alles andere an ihm noch über Jahre bis zur wirklichen Größe wachsen muß, ist dieses Organ schon ganz vorhanden: Es ist da. Das Hören ist der am frühesten entfaltete Sinn. Die Stimme der Mutter bildet den Klang des Lebens, der dem Embryo durch sie vermittelt wird. Im Mutterleib erlebt das ungeborene Kind die Klangfarbe dieser Stimme und ihren Sprechrhythmus. Dieser Dialog ist die erste Voraussetzung für Lebensbejahung und Liebesfähigkeit.[8] Daraus entsteht etwas anderes: Wenn wir Musik machen und im Mitatmen beim Zuhören suchen und finden wir dieses Erleben immer wieder.

CLAUDIO ABBADO: Stimmt.

FRITHJOF HAGER: Ich kann mir vorstellen, daß Ihre Mutter, die so lebhaft war, immer schon mit Ihnen gesprochen hat, von Anfang an. Also auch schon in der Zeit, an die man sich nur dunkel, wie von weit her, und doch so gut erinnern kann.

CLAUDIO ABBADO: Wir haben einen italienischen Ausdruck dafür: Man trinkt die Milch der Mutter, und mit der Milch kommt schon die Seele, die Musik, der Klang.

Ich glaube, so war es auch bei mir. Alles zu hören, von meinem ersten Schrei in dieser Welt an, und danach, als ich hier war, in Mailand, in unserem Haus, bei meinen Eltern und Geschwistern. Und es ist so geblieben.

Das ist etwas Lebendiges wie Sprechen.

FRITHJOF HAGER: Wie Lieben.

CLAUDIO ABBADO: Ja, wie einander lieben. Ich erinnere mich daran, es war in der Nachkriegszeit, ich kam von der Schule nach Hause, und da stand meine Mutter, hielt die Nachricht in den Händen, daß ihr Vater sterbenskrank sei, und sie weinte: Wenn sie in seinem Leiden nicht bei ihm sein könnte, könnte sie nicht mehr weiterleben – sie wollte sofort zu ihm nach Palermo. Das Geld für ein Flugticket haben wir damals nicht gehabt, also ist sie mit dem Zug gefahren.

FRITHJOF HAGER: Eine sehr weite Reise und sehr lang für den, der einen solchen Kummer aushalten muß.

CLAUDIO ABBADO: Ich schreibe nicht gerne, das war schon in meiner Schulzeit so. Aber da, in diesem Augenblick schrieb ich meiner Mutter einen Brief und schickte ihn sofort ab, so schnell wie möglich. Das erste, was meine Mutter in Palermo vorgefunden hat, war dieser Brief, in dem sie lesen konnte, wie sehr ich mich um meinen Großvater gesorgt habe. Als sie dann, nach seinem Tod, zurückkam und wir sie vom Bahnhof in Mailand abholten, fragte sie mich, wie ich auf diese Idee gekommen sei und woher ich wissen konnte, daß mein Mitfühlen für sie so wichtig war. Wie es zu so etwas kommt, ich weiß es nicht. Es ist ein Beispiel.

FRITHJOF HAGER: Es ist die Fähigkeit zuzuhören, mit den anderen mitzudenken.

CLAUDIO ABBADO: Und auch, Verschiedenes parallel wahrzunehmen. Manchmal, wenn ich in der Scala meine Arbeit getan hatte und wir zusammensaßen, habe ich gelesen, die Zeitung oder in einem Buch, und gleichzeitig mit den Anwesenden gesprochen. Sie fühlten sich nicht ernst genommen – entweder tut man das eine oder das andere, aber nicht alles gleichzeitig: sprechen, lesen, denken.

Auch wenn ich eine Partitur studierte, hörte ich dabei noch anderes und machte es mir dabei immer noch schwieriger. Busoni hat gesagt – das hat mich schon als Kind beeindruckt –, wenn etwas, etwa ein Fingersatz auf dem Klavier, kompliziert sei, solle man diese Übung doppelt so schwer machen, dann wirkt dieser leicht. Das ist ein gutes Arbeitsprinzip. Wenn ich zum Beispiel bei einer Fuge den Linien der kompositorischen Entwicklung folge und dabei versuche, mir nicht nur zwei, drei, sondern so viele wie möglich vorzustellen, dann hilft diese Technik zu verstehen: die Musik und übrigens auch das Geschehen im Leben. Vielleicht kommt diese Erkenntnis auch von meiner Mutter.

FRITHJOF HAGER: Erfinden Sie innerlich noch mehr Stimmen dazu?

CLAUDIO ABBADO: Schön wär's. Nein – vielleicht klingt das verrückt, aber ich brauche zugleich Musik von einem anderen Komponisten: Ich vervielfache, was ich höre und erarbeite. Wenn ich mir die Partituren von Nono vornehme, dann höre ich dabei Bach.

FRITHJOF HAGER: Er hat eine eigene polyphone Welt geschaffen, eine wirkliche Welt.

CLAUDIO ABBADO: Das kann man auch für andere Komponisten wie Mozart oder Beethoven sagen, aber richtig ist: Mit Bach kann man dem Leben folgen.

FRITHJOF HAGER: Es heißt bei ihm zwar immer wieder: »Liebster Jesus«, aber das ist nur eine Darstellung. Ist er nicht der größte Liebeskomponist? In seinen Liebesworten zu Gott sind die Menschen gemeint.

CLAUDIO ABBADO: Katholisch war Bach nicht. Es gibt von ihm ein Präludium c-moll. Mich tröstet es, wenn ich es hören oder spielen kann. Einmal, vor zwanzig, fünfundzwanzig Jahren, war ich sehr krank, der Arzt verordnete mir Ruhe und ich durfte einige Monate nicht arbeiten. Ich blieb im Bett und hörte Bach. Rudolph Serkin hat mir Musik als die beste Medizin empfohlen; in diesem Fall hat sie geholfen.

FRITHJOF HAGER: Dieser Komponist ordnet die eigene Welt.

CLAUDIO ABBADO: Ob falsch oder richtig gespielt wird, mit Originalinstrumenten oder auf eine altmodische Art, das ist egal: Es ist schön, Bach zu hören, es macht immer Freude. Ich war ein Kind, mein Vater übte in einem Zimmer, das weit vom Kinderzimmer entfernt gelegen war. Einmal – ich war noch sehr klein – schlich ich mich auf Zehenspitzen zu ihm, leise, damit er mich nicht bemerkte, und habe durch die halb geöffnete Tür meinen Vater beobachtet und ihm zugehört. Er spielte eine der Partiten für Geige solo. Das war für mich damals eine besondere Sprache, sehr fremd und doch sehr anziehend. Ich stand eine lange Zeit da, barfuß, ganz still, bis mir die Füße weh taten.

Das erste und schönste Instrument war in diesem Alter für mich das Cello, der Klang des Cellos im Trio meines Vaters. Damals kamen oft zwei Freunde meiner Eltern zu uns ins Haus: Vidusso ans Klavier, Crepax mit seinem Violincello. Was ich von dieser Zeit erinnere, war, wie mein Vater mit seinen Freunden in einem Trio von Schubert oder Brahms in ein musikalisches Gespräch versank.

FRITHJOF HAGER: Ich stelle mir den kleinen Jungen vor, wie ihn ein Schauer packt, daß da große Menschen mit ihren Instrumenten eine Musik machen, die einfach zu sein scheint, das weiß er schon, das kann er bereits erkennen, und die doch etwas entstehen lassen, was sich zu einer Ungeheuerlichkeit verwandelt: So tief in den Schrecken hinein, daß wir lebendig sind, in die Komik, Menschen zu sein, in diese große Verwunderung, in den Klängen etwas zu hören, was unaussprechlich ist und doch für ein Kind, das mehr weiß und noch nicht vergessen hat, was die Erwachsenen nicht mehr wissen wollen: daß das, was ist, schön ist und zur Freude reizt –

CLAUDIO ABBADO: ... und dazu, sich gegenseitig anzulächeln ...

FRITHJOF HAGER: ... und sich in tiefer Sympathie füreinander zu begegnen.

CLAUDIO ABBADO: So kann es gewesen sein. Der Klang der Geige meines Vaters im Trio – das ist eine schöne Erinnerung, die anderen haben eher mit ihm als Lehrer und mit meiner Schule zu tun – sie sind nicht gerade angenehm. Aber an die Stimme meiner Mutter erinnere ich mich gern. Sie hatte etwas Warmes, Menschliches. Besonders wenn sie die alten sizilianischen Lieder sang, klang das sehr schön, und, als wir klein waren, das gehört zu meinen allerersten Erinnerungen, hat sie uns Ninnenanne vorgesungen.

II.

E. E. 1185

Franz Schubert, Trio für Violine, Violoncello und Pianoforte,
Es-Dur, D 929 (op. 100), Beginn des zweiten Satzes

FRITHJOF HAGER: Vielleicht dieses Wiegenlied aus ihrer Heimatstadt:

> Figghiu mio, ti vogghiu beni:
>> Mein Sohn, ich hab' Dich lieb:
>
> Tu si' 'a lapuzza e io sugnu lu meli.
>> Bist meine Wespe, ich des Apfels Blüte
>
> Figghiu mio, quantu ti stimu!
>> Mein Sohn, wie gut ich Dich hüte!
>
> Quantu Maria e Gesù Bamminu.
>> Wie die Madonna das Christuskind.
>
> Figghiu mio, ti stimu assai!
>> Mein Sohn, ich behüte Dich gut!
>
> Tu si' lu suli, li Stiddi e li rrai
>> Du bist die Sonne, die Sterne, die funkeln
>
> Figghiu mio, figghiu d'amari
>> Mein Sohn, Du wirst geliebt
>
> La naca ti cunzai p'arripusari.
>> Dein Bett ist bereitet zum Ruhen.
>
> E a-la-vò. [9]

CLAUDIO ABBADO: Oder sie hat aus Opern, natürlich von Verdi, Arien zitiert. Und wie viele Verse konnte sie aus der *Göttlichen Komödie* auswendig.

FRITHJOF HAGER:

> O insensata cura dei mortali
>> O dieser Sterblichen wahnwitziges Sorgen!
>
> quanto son difettivi sillogismi
>> Wie mangelhaft bist du in deinem Denken,
>
> quei che ti fanno in basso batter l'ali!
>> Um Bleilast deinem Flügelschlag zu borgen.
>
> Chi dietro a iura, e chi ad aforismi
>> *Der* hofft im Recht, *der* in der Heilkunst Tränken
>
> sen giva, e chi seguendo sacerdozio,

Erfolg; als Priester *der*. Und im Bestreben,

e chi regnar per forza o per sofismi,
   Zu herrschen, greift *der* zu Gewalt und Ränken.

e chi rubare, e chi civil negozio
   Dem soll der Raub Gewinn, *dem* Handel geben.

chi, nel diletto della carne involto,
   Der *eine* ringt, von Sinnenlust umschlungen,

s'affaticava, e chi si dava all'ozio;
   der *andre* sinkt, verführt durch müßiges Leben:

quand'io, da tutte queste cose sciolto,
   Indessen *ich*, all diesem Wust entrungen,

con Beatrice m'era suso in cielo
   Mit Beatricen droben ward empfangen,

cotanto gloriosamente accolto. –
   Von Himmelslust und -seligkeit umklungen. –[10]

CLAUDIO ABBADO: Wohl auch diese Verse. Und sie hat die Wirklichkeit sehr genau verstanden. Mein Vater war mit einer jüdischen Familie befreundet, der alte Orefice war sein Kompositionslehrer gewesen. Diese Familie mußte flüchten, sie ging in die Schweiz. Eines der Kinder, eine Tochter, war krank, und wir haben sie zu uns genommen. Unsere Mutter machte für uns ein Spiel daraus: Wir sagen, das ist unsere Cousine. Wir Kinder wußten natürlich, das stimmte nicht. Aber warum wir nicht sagen sollten, daß sie nicht unsere Verwandte war, haben wir nicht verstanden. Es war verboten, Juden zu verstecken, auch nicht deren Kinder. Die italienische Gestapo, es gab in der letzten Zeit des Krieges auch in Italien eine SS und eine Gestapo, hat einen Brief abgefangen, den meine Mutter an die Familie in der Schweiz geschickt hat, und in dem die Nachricht stand, daß es dem Kind gut gehe. Sie nahmen meine Mutter mit – wir wußten davon, daß viele Leute verschwinden –, aber sie hatte Glück; es war im Jahr 1944, das Ende war abzusehen. Sie geriet an einen Offizier, der in ihren Dokumenten geblättert und sie gefragt hat: »Palermo? – Guglielmo Savagnone: Ist das Ihr Vater?« Sie sagte: »Ja, das ist mein Vater.« »Er ist mein Lehrer an der Universität gewesen. Ich erinnere mich genau, er war sehr freundlich zu mir, wenn ich mit meinen Aufgaben zu ihm kam.« Der Offizier hat sie ermahnt und mit der Bemerkung nach Hause geschickt, sie solle bei ihren Unternehmungen besser aufpassen, sonst käme sie weg, nach Mauthausen. Es war ein Zufall, daß es gerade dieser Offizier war. Wir sind noch einmal davongekommen.

FRITHJOF HAGER: Und doch war Ihr Elternhaus ein Schutz vor dem Verrat, den damals so viele Menschen im Namen der Politik aneinander begangen haben.

CLAUDIO ABBADO: Meine Eltern wußten, in welcher Zeit sie lebten. Wir, die Kinder, haben sie gespürt und sie erahnt –: Politik! Wie hätten wir von ihr etwas verstehen können. Aber wir waren der Zeit nicht ausgeliefert. Unser Haus ist 1943 bombardiert worden. Die eine Hälfte war nur noch Ruine. Von den sieben Zimmern waren nur noch vier übrig, in denen wir zusammen wohnten, nicht nur unsere Familie, sondern außerdem noch zwei Cousinen und ein Onkel mit seiner Frau, sie hatten ihr Haus verloren. So schliefen wir oft zu dritt oder zu viert im selben Zimmer, das war damals für viele normal und für uns auch.

Zu Hause

Uns besuchten zu Hause immer, auch damals, viele Freunde und Kollegen meines Vaters. Einer von ihnen war Gianandrea Gavazzeni, er ist ein berühmter Dirigent geworden. Als junger Pianist spielte er mit meinem Vater Kammermusik und war dann der Klavierlehrer meines älteren Bruders. In einem der vielen Bücher, die er schrieb, erzählt er von der *musica nelle macerie*. Das Kapitel handelt von meiner Familie.

Es war für ihn damals wie ein Bild aus einer anderen Welt – er kommt von Bergamo nach Mailand, und da stehen die Reste von einem Haus, das er kennt, von den Bomben zerstört, und aus den Zimmern, die übriggeblieben sind, hört er: Musik – die Übungsläufe auf dem Klavier, die Tonleitern auf der Geige.

»An einem Sonntagmorgen im März machen wir uns in einer von Schutt und zerstörten Häusern übersäten Stadt auf den Weg zum Hause des Violinisten Michelangelo Abbado, um einer Probe seines kleinen Streicherorchesters beizuwohnen und dann gemeinsam mit ihm und seiner Familie zu Mittag zu essen.

Man hört ein Ensemble von Streichinstrumenten aus dem Salon einer Wohnung. Schon diese Situation würde genügen, um Erinnerungen an die liebsten Bräuche einer verlorenen Tradition wachzurufen: Man könnte das Ensemble und seine Übungen durchaus in jene Zeiten der Musikgeschichte versetzt sehen, die vom Leben der Aristokratie und des Hofes geprägt sind. Aber hier versammeln sich nun nach so viel Tod und Zerstörung und unter noch immer drohenden Gefahren einige Instrumentalisten und greifen unter der Leitung eines Musikers zu Partituren von Tartini und Vivaldi, von Corelli und Bach, und fordern befreundete Komponisten auf, für ihr Ensemble zu schreiben, als Beweis dafür, daß die Musik noch in den Mauern eines halb zerstörten Hauses erneut ihre Bögen spannen und ihre Klangfarben entfalten kann. Was ja gerade am meisten verzaubert und den größten Widerhall in der erstaunten Seele findet, ist ihre Befreiung und Ruhe in den Klangformen, in den Farben der Melodien und der Arabesken, im leichtfüßigen und singenden Spiel der Streicher in diesem übervollen Zimmer, während draußen das warme

Gold des lombardischen Frühlings Löcher anstelle von Fenstern erleuchtet und Schatten zwischen die Skelette der ausgehöhlten Häuser wirft.

Kaum ist man in den Vorraum getreten (an den Wänden hängen Photoreproduktionen von Violinisten und Komponisten aus dem 18. Jahrhundert mit Lockenperücken, berühmte Quartettspieler und Solisten aus dem Europa der Romantik, ein Geschenk von Enrico Polo, dem großen Lehrer für Generationen von Mailänder Geigern), hat die Probe auch schon begonnen. Ein Gefühl von höchster Hingabe an die Musik, von Trost für den Geist, von Bewunderung und Respekt für diejenigen, die sie so achtsam pflegen, breitet sich aus und ergreift das Herz.

Diese morgendliche Streichermusik, dieser pathetische und fruchtbare Klang des Konzerts erhält so den Charakter eines Exerzitiums, durch das man die eigene Musikalität steigern, die Interpretations- und Aufführungstechnik verbessern und den Geist schärfen kann für die Vielfältigkeit der modernen Kultur. Ungeachtet der Gefahren und Ängste des heutigen Lebens bereiten uns diese italienischen Komponisten auch innerlich auf Mozart vor und führen uns zu seiner Musik.

Michelangelo Abbado leitet sein Ensemble nach alter Manier: In den *tutti* bestimmt er das Tempo mit dem Bogen, die Klangfarben und Akzente deutet er mit der Hand an, die die Geige hält. In den Solopartien faßt er dann die Fäden des konzertanten Geschehens zusammen und bestimmt damit den Rhythmus und die Klangfarben seiner Spieler, die ihm ergeben folgen. Ein Bild, als gehörte es zu den Bildern im Vorraum, aber karg in seiner Atmosphäre, im Anblick der Ruinen und der Zerstörung, die man durch die Fensterrahmen sieht.

Die Probe geht leicht und zügig voran. Die musikalische Gewissenhaftigkeit des Geigenspiels von Abbado, die absolute Treue gegenüber den Notenzeichen, das moralische

Bewußtsein, das sich in der Interpretation artikuliert, prägen die Stimmung des Konzerts. Es ist ein Concerto von Giuseppe Tartini, der hier in dieser gerade erst veröffentlichten Komposition sehr lebendig erscheint; dessen Musik sich der Leidenschaft desjenigen anpaßt, der sie spielt und studiert, so daß in dieser morgendlichen ›Probe‹ jede Spur von Formalismus verschwindet. Das Bedürfnis, diese Musik zu spielen, läßt das Vergnügen an ihrer Wiederausgrabung zurücktreten. Vielleicht fand ja diese klassizistische Instrumentalmusik nicht einmal zur Zeit ihrer ersten Aufführungen so viel Kraft und so viel jugendlichen Eifer, um in so perfekten Klängen ausgedrückt zu werden. So geschieht denn das Gegenteil von dem, was gleichgültige und nur realistisch denkende Menschen vermuten könnten: Anstatt daß sich die Musik vom Aufruhr der heutigen Zeit entfernt und verblaßt, tritt sie um so mehr hervor und überzeugt in ihren Formen, in den Vokabeln ihrer Sprache und ihrer natürlichen Plastizität. Sie wird zu etwas, was uns ganz nah ist, zu uns gehört.

Auf der Truhe im Vorraum sitzt neben mir der Flötist Gastone Tassinari und hört zu. Ab und an malt er sich aus, wie es wäre, wenn er endlich überall nach Musik für seine Flöte stöbern könnte. Inzwischen geht der frühlingshafte Vormittag schon fast in den Mittag über. Die Probe ist zu Ende; ein lärmendes Durcheinander mit Stühlerücken, Notenständern, Notenblättern, Geigenkästen, die geschlossen werden. Zum nächsten Konzert trifft man sich in Como. Die Musiker nehmen geduldig und munter Reisestrapazen auf sich, opfern Mußestunden oder andere Vergnügungen, um sich hier ohne Aussicht auf Verdienst zum Proben und Studieren zu treffen. Sie tun es aus innerem Antrieb, aus der Liebe zur Musik.

Die Familie des geigenden Freundes ist die ordentlichste und organisierteste, die mir je begegnet ist. Aber es ist eine Ordnung, die nicht zur Last fällt, denn sie ist heiter und fröhlich, hat einen eigenen spontanen Rhythmus ohne Strenge und ohne Posen. Kaum sind die Instrumentalisten des Streicherensembles gegangen, treten die beiden jüngsten Söhne des Hauses auf den Plan. Claudio und Gabriele sind ungestüm, aber präzise: Im Nu haben sie die Notenständer, Stühle, Partituren weggeräumt und in die Dachkammer gebracht. Die älteren Kinder – Luciana, selbst Geigerin, und Marcello, der Pianist – tragen den Tisch für unser Mittagessen herein und decken ihn. Maria Carmela – eine passendere Frau für einen Musiker könnte es in unserer Zeit gar nicht geben: wäre sie zwei Jahrhunderte früher geboren, hätte diese Sizilianerin, ohne auch nur im geringsten anders sein zu müssen, Anna Magdalena Bach heißen können, auch könnte sie eine Gestalt aus einer der Erzählungen Giovanni Vergas sein – bringt einen dampfenden Kochtopf aus der Küche. In dieser Künstlerfamilie finden Intelligenz und Engagement, geistige Tätigkeit und handwerklicher Fleiß in schöner Harmonie zusammen. Ich schaue während des Essens um mich: vier kräftige Kinder, die sie freimütig und aufrichtig erzogen und die Kleider tragen, die sie selber zugeschnitten und genäht hat; das Essen bereitete sie, während sie durch die weit geöffneten Türen den fließenden Tönen von Tartius zuhörte. Neben dem Tisch stehen in einem Regal zwei Bände wunderschöner Märchen, die sie in Ruhestunden gesammelt und erzählt hat. Die Unterhaltung während des lebhaften Essens ist bestimmt von ihren scharfsinnigen Kommentaren zu den musikalischen Themen, die wir nach vielen Monaten der Trennung bereden. Sie verfügt über eine Kenntnis, die viel konkreter ist als das scheinbare, inhaltslose Wissen so mancher Ehefrauen berühmter Komponisten und Dirigenten, die sich dem Klatsch des römischen Musiklebens und dem Intrigantentum akademischer Kreise widmen.

Nach dem Essen erwartet uns noch mehr Musik. Marcello und Luciana decken mit der Leichtigkeit und Geschwindigkeit erfahrener Kellner ab. Claudio und Gabriele bringen die solideren Gegenstände in die Küche und verschwinden dann in ihrem Zimmer zum Spielen. Marcello setzt sich ans Klavier und bietet mir eine machtvolle und ausgefeilte Interpretation der *Chaconne* von Bach-Busoni dar. Michelangelo führt mir eine Reihe äußerst einfallsreicher, von ihm komponierter Studien für Violine solo vor.

Ich denke an Sergio Solmi, der ein Stockwerk darunter wohnt und sich vielleicht an diesem Sonntagmorgen an den Tisch gesetzt hat, um eine seiner beispielhaften Poetik-Kritiken zu verfassen, während seit zehn Uhr – jetzt ist es drei! – Klavier und Geigen unvermindert tosten! Erst jetzt kehrt in dem von Musik erfüllten Hause Abbado Stille ein. Ich verabschiede mich von den Freunden und verlasse um vier Uhr das ausgemergelte Mailand, um nach diesem klangerfüllten Tag leichteren Herzens nach Triest zu fahren.«[11]

Die Familie

CLAUDIO ABBADO: Die erste Oper, die ich gesehen und gehört habe, war, wie ich glaube, *Aida* – ja, es war eine Verdi-Oper. Mein Vater und meine Mutter nahmen mich mit in die Scala. Ich erinnere mich: Nach der Vorstellung stand ich allein auf der Straße. Sie fragten sich, warum ich nicht mit ihnen gehen wollte. Daß mich aber diese Oper erschüttert hatte, das wollte ich keinem anderen zeigen.

FRITHJOF HAGER: Waren Sie in diesem Moment glücklich?

CLAUDIO ABBADO: Nein. In dieser Zeit glaubte ich noch daran, daß alles stimmte, was in Filmen geschah. Und wenn jemand auf der Bühne starb, hielt ich das für wahr. Ich war acht oder neun Jahre alt.

FRITHJOF HAGER: Aber es ist ja auch so, daß man als Sängerin oder Sänger in der Oper tatsächlich glauben muß, daß man stirbt. Wenn Sie dirigieren, müssen Sie doch auch daran glauben: in dem Moment ist es doch wirklich wahr.

CLAUDIO ABBADO: Ja, man muß es glauben.

FRITHJOF HAGER: Glück ist die Erfüllung eines Kinderwunsches.

CLAUDIO ABBADO: Es gibt einen Unterschied zwischen Wünschen und Träumen. Ich träumte viel, aber nicht nur wirkliche Träume, sondern – wir sagen: *sogna con gli occhi aperti* – man träumt mit offenen Augen.

FRITHJOF HAGER: Tagträume.

CLAUDIO ABBADO: Ah! Die hatte ich oft und habe sie heute noch; das Leben ist voller Träume; einige kann man realisieren.

FRITHJOF HAGER: Um die Zukunft zu erträumen, braucht man Tagträume. Sie leiten uns an, wenn wir etwas verwirklichen wollen.

CLAUDIO ABBADO: Zuerst war da mein Großvater, der Vater meiner Mutter. Er war für mich der Wichtigste, eine Persönlichkeit. Sizilianer war er und ein außergewöhnlicher Mensch. Er sprach sehr wenig, schrieb mit einer ganz kleinen Handschrift. Was für eine Ruhe hat er ausgestrahlt! Mir erschien er weise. Er ist oft mit mir in die Berge wandern gegangen, auf eine Hütte. Dort nahmen wir zwei frische Eier und schlürften sie aus. Er redete nur wenig mit mir. Für mich war das Zusammensein mit ihm – ich war sechs, sieben Jahre alt – wunderbar.

In dieser Zeit haben mich die phantastischen Märchen unserer Mutter stark beeindruckt und auch die Geschichten, die sie uns vorlas, die ihr Vater aus dem Persischen, Assyrischen und aus dem Griechischen und Lateinischen übersetzt hatte. Die Person meines Großvaters ist eng mit diesen Erzählungen verbunden, wie mit allem, was er uns aus Sizilien mitteilte. Eigentlich habe ich ihn ganz selten gesehen – er lebte in Palermo –, nur zweimal ist er im Sommer in den Ferien zu uns gekommen, das weiß ich ganz genau. Aber trotzdem!

Ein Märchen, das mich immer sehr faszinierte, kommt aus dem Persischen – die Geschichte vom Schachspiel, an die ich mich auch deshalb erinnere, weil mein Großvater mit mir Schach spielte. Manchmal brauchte er nur zwei, drei Züge, um zu gewinnen – er kannte alle Tricks.

FRITHJOF HAGER: Es gibt ein persisches Märchen über einen König und seinen Berater, der ihm sehr behilflich ist. Zur Belohnung hat dieser einen Wunsch frei. Er wünscht sich auf jedem Feld eines Schachspiels immer doppelt so viele Körner wie auf dem vorherigen Feld. Das sind am Ende aber so unendlich viele, daß der König, würde er ihm diesen Wunsch erfüllen, arm würde.

CLAUDIO ABBADO: An diese Geschichte habe ich oft gedacht. Mein Großvater war Professor für Alte Sprachen und übersetzte zum Beispiel den persischen Dichter Firdusi ins Italienische. Alle fünf Jahre lernte er eine neue Sprache, und er ist 96 Jahre alt geworden. Die Bibel hat er sogar aus dem Aramäischen ins Italienische übertragen. Und in der Zeit des Faschismus schrieb er Bücher über das Römische Kirchenrecht, um derentwegen er von den Faschisten scharf angegriffen wurde. Er studierte in Leipzig, und das als Sizilianer aus Palermo.

Ich las sehr viel und fing ziemlich früh damit an, und bei einigen Büchern sagten meine Eltern: Nein, das ist verboten. Sie dachten, ich sei noch zu klein dafür. In der Nacht habe ich diese Bücher damals heimlich studiert, manchmal bei Kerzenlicht. Wochen oder Monate später fanden sich die Bücher in meinem Versteck unter dem Bett, dann mußte ich mich zurechtweisen lassen. Diese Einschränkung machte mich wütend, weil ich nicht frei war, das zu tun, was ich wollte. Mir war es auch verhaßt, daß mein Vater immer sagte: Nein, du machst deine Aufgaben für die Schule fertig! Da war es manchmal zwei Uhr in der Nacht, und ich mußte früh aufstehen! Ich hatte die Hausaufgaben noch nicht erledigt, weil ich tagsüber Klavier üben und komponieren mußte. Alles sollte immer in Ordnung sein. Das habe ich wirklich gehaßt. Erst mit zwanzig leuchtete mir ein, wie notwendig diese Disziplin war, wieso mein Vater sie von mir forderte. Wäre er nicht so streng gewesen, hätte ich wohl eher spontan gelebt, wie ein Pascha, immer nur in Ferien. Aber heute kann ich gar nicht anders: Was ich anfange, muß ich auch zu Ende bringen. Und das hat mein Vater mir beigebracht.

Der Name meiner Familie kommt von Abbad, das ist ein arabischer Name. Zu den ersten Mauren, die in Spanien lebten, in Sevilla, gehörte Muhamid Abbad, ein Baumeister, der 1064 den Alcázar erbaute. Von dieser Geschichte weiß ich, weil einer der Freunde meines älteren Bruders an der Universität für eine genealogische Studie eine Stammtafel über die Herkunft unserer Familie erstellt hat. Das machte mich neugierig und so habe ich viel über die Abbadidi nachgeschlagen. Ich war verblüfft, welche Geschichten da herauskamen. Ein anderer Abbad kämpfte gegen die Spanier und eroberte ganz Andalusien, ein sehr mächtiger Mann. Sein erster Sohn entfachte eine Revolte gegen ihn, tötete seine Freunde, schlug ihnen den Kopf ab und spießte sie auf Speere auf, aber gesiegt hatte er damit noch nicht, erst nach einer zweiten Rebellion. Der zweite Sohn war, vielleicht als Reaktion auf den grausamen Vater, ein Dichter. Er schrieb viele sehr schöne Gedichte. Er wollte keinen Krieg mehr, die anderen aber wollten weiter gegen die Spanier kämpfen. Deshalb verließ er mit zwei Schiffen das Land und nahm seinen Vater mit. Ein Schiff landete in Marokko, das andere mit dem alten Mann und diesem Sohn in Italien. Man weiß nicht genau, wo. Aber viele Jahre lang lebten sie auf einem bestimmten Schloß in Alba. Es gibt viele Abbate in Italien, sie haben aber einen ganz anderen Ursprung.

In unserer Ahnenreihe gab es in jeder Generation nur einen Sohn – vielleicht einige Töchter, aber nur einen Sohn – bis zu meinem Vater. Jetzt sind wir drei Brüder, und mit unseren Kindern hat sich der Familienname weit verbreitet.

FRITHJOF HAGER: Und woher kommt die Musikalität?

CLAUDIO ABBADO: Mein Großvater, der Vater meines Vaters, war Geologie-Dozent an der Universität. Ich kannte ihn nicht, er starb, als ich sieben Jahre alt war. Meine Mutter erzählte mir, was er für ein Mensch gewesen war. Und erst heute fällt mir auf, wie oft ich schon gefragt wurde: »Sind Sie verwandt mit Michele Abbado?« – Ja, das war mein Großvater.

Er hat auch dirigiert. Alle alten Partituren, die in meinem Schrank stehen, Beethoven, Schubert, Brahms, habe ich von meinem Großvater geerbt; auf ihnen steht Michele Abbado geschrieben. Von ihm habe ich auch einen Taktstock aus Ebenholz und Gold, sehr schön. Als Amateur dirigierte er in Novara einmal *Lucia* und einmal *Rigoletto*. Es gibt Bilder von ihm, wo er mit Bart zu sehen ist, und im Profil: er sieht aus, als wäre er ein arabischer Prinz. Vielleicht bin ich da nicht ganz objektiv, ich kenne ja die Geschichte der Familie. Aber viel mehr als über ihn habe ich über meinen anderen Großvater, den Vater meiner Mutter, erfahren. Mein Vater erzählte nie etwas über seinen Vater. Mit meinem Vater war ich fast nie richtig zusammen.

FRITHJOF HAGER: Gespielt haben Sie aber mit ihm gemeinsam?

CLAUDIO ABBADO: Gespielt ja. Ich hörte als Junge bei den Proben meines Vaters zu, wenn er mit meiner Mutter übte. Ich hoffte sogar auf eine Gelegenheit, an ihrer Stelle das Klavier zu besetzen und ihn zu begleiten.

Einmal war sie tatsächlich krank. Mein Vater forderte mich auf, mich ans Klavier zu setzen. Ich war schrecklich aufgeregt und fühlte mich gar nicht darauf vorbereitet.

Dann begann ich, voller Stolz auf meine neue Rolle, aber es ging nicht wie erhofft, es war katastrophal! Der Geige zu folgen war schwierig, mein Vater war äußerst streng. Er schimpfte und wollte, daß ich viel schneller spielte, als ich konnte, er erlaubte keine Unterbrechung. So ist es immer gewesen, wenn ich mit ihm spielte, auch als ich viel besser geworden war. Er verlangte das Äußerste, wenn es sich um Musik handelte. Statt seiner sprichwörtlichen Geduld bekam ich erbarmungslose Kritik zu spüren.

Doch er hat mir auch ein Geheimnis verraten: Wenn man zusammen musiziert, ist es viel wichtiger, zuhören als spielen zu können. Er lehrte mich, was *begleiten* in der Musik bedeutet; es ist wie ein Gespräch, bei dem man nicht nur aufmerksam lauscht, sondern auf den anderen eingeht und versucht, auch das Unausgesprochene, Gefühle und Gedanken zu erfassen. Das gilt auch für das Leben, nicht nur für die Musik.

FRITHJOF HAGER: Aber miteinander diskutiert haben Sie nicht.

CLAUDIO ABBADO: Erst als ich etwa neunzehn Jahre alt war, da habe ich ihn viel und heftig kritisiert. Später, in seinen letzten Jahren, war er mit mir zufrieden. Ich lud ihn nach Edinburgh ein und nach Salzburg, er war immer in der Scala dabei.

FRITHJOF HAGER: Und Ihre Mutter – hatte auch sie musikalischen Ehrgeiz?

CLAUDIO ABBADO: Ja und nein. Sie war musikalisch, aber sie gab keine Konzerte. Sie spielte manchmal mit meinem Vater zu Hause. In den schwierigen Zeiten arbeitete sie als Klavierlehrerin. Ein Bruder meiner Mutter war Komponist und Dirigent, sehr musikalisch. Aber die Schwester meines Vaters spielte auch Klavier.

FRITHJOF HAGER: Irgendwann mußte ein Claudio Abbado kommen – bei so viel Musik!

CLAUDIO ABBADO: In jedem Zimmer in der Via Fogazzaro stand ein Klavier oder übte einer Geige, und oft, wenn wir eine falsche Note hörten, riefen wir gleich: Nein, ein *es*! Und kein *e*! Ich habe das immer korrigiert. Es war gefährlich, in meinem Elternhaus Musik zu machen!

Mit meinen Geschwistern verstand ich mich gut; aber mit jedem anders. Marcello ist acht Jahre älter als ich, für mich war er damals schon groß. Wir nannten ihn den »Professor«. Er war immer der Beste in der Schule, die Nummer eins, und Lehrer war er auch schon mit 19 oder 20 Jahren. An der Universität hatte er Klavier und Komposition als Fach. Uns schien er immer sehr weit weg, acht Jahre Differenz sind für Kinder sehr viel. Luciana, meine Schwester, war besonders in den letzten Jahren, als meine Mutter krank war, für uns eine große Unterstützung. Sie ist ein wunderbarer Mensch. Früher hat sie sich viele Jahre für moderne Musik engagiert, in einem Verlag in Mailand, bei Ricordi. Sie war mit einem Pianisten verheiratet, er ist leider gestorben. Ihre beiden Söhne sind außerordentlich begabt, einer ist ein sehr guter Pianist, Andrea Pestalozza, und der andere ist Maler. So hat es meine Schwester sehr gut.

Und mein jüngerer Bruder, Gabriele, arbeitet als Architekt und hat fünf Kinder. Früher haben wir miteinander gestritten und zusammen gespielt, zum Beispiel Fußball, aber wir machten auch viel Musik. Auch mit einem Freund von mir, der im selben Jahr wie ich geboren ist. Sein Vater war der Cellist, der auch im Trio meines Vaters spielte. Mein Freund heißt Guido, er ist jetzt ein berühmter Grafiker. Er zeichnet die *Valentina*-Bücher. Als Kind, als Student fing er schon mit dem Zeichnen an, er entwarf ein »Alexander-Newskij-Spiel«. Wir beide haben alles mögliche angestellt, oft Räuber und Gendarm gespielt. Er war mein bester Freund. Zusammen mit Gabriele waren wir drei immer mit dem Fahrrad unterwegs... ah, es war schön. Leider sehe ich ihn kaum noch, er lebt in Mailand. Aber diese Freundschaft bleibt immer.

FRITHJOF HAGER: Haben die Kinder untereinander die Musik auch als ein Kinderspiel verstanden?

CLAUDIO ABBADO: Einmal haben wir uns sogar dazu verstiegen, die *Matthäus-Passion* von Bach aufzuführen. Für dieses Oratorium braucht man eigentlich ein Orchester, einen Chor und mehrere Solisten, abgesehen vom Dirigenten. Wir waren nur zu sechst, das hielt uns aber nicht davon ab; jeder von uns spielte und sang eben mehrere Partien. Man kann sich das Ergebnis vorstellen und auch die Freude der Nachbarn!

FRITHJOF HAGER: Gab es das auch: Das kann ich besser! Hör mal, wie ich die *Appassionata* spiele – und der andere: Nein, das kann ich ja viel besser als du!

CLAUDIO ABBADO: Ich habe dazu kein Wort gesagt, aber ich erinnere mich: Wir wohnten im vierten Stock und im dritten lebte ja der Publizist Sergio Solmi mit seiner Familie. Als wir seine Frau und seine Tochter einmal trafen, sagten sie: »Ah, wir hören so gerne die Musik von oben, und wir haben immer erraten, ob Marcello oder Claudio spielt! Bei Claudio gibt es einen schöneren Ton, wir hören das gerne.« Das hat mir gefallen – Rivalität war es nicht, aber als Kind hat mich dieses Lob glücklich gemacht.

Ich stand einmal auf dem Balkon, der zum Hof hinausging und habe in den Himmel geschaut und geträumt, als diese Frau, die mich so gelobt hat, auf ihren Balkon trat und zu mir sagte: »Was für schöne Träume!« Wissen Sie, so etwas vergißt man nicht, ich war damals vielleicht zehn Jahre alt.

FRITHJOF HAGER: Was hieß das Kriegsende für Sie?

CLAUDIO ABBADO: Ich erinnere mich ganz deutlich. Der wichtigste Tag war für uns der 25. April 1945, als Italien endlich frei war. Mailand war frei! Da kamen die Partisanen zurück in die Stadt, und die waren für mich etwas Bekanntes, weil meine Mutter ihnen viel half. Viele Antifaschisten kamen in unser Haus, sie bekamen Kleider oder etwas zu essen. Meine Mutter unternahm immer etwas für sie.

FRITHJOF HAGER: Am 28. April ist die Leiche Mussolinis kopfüber in Mailand aufgehängt worden.

CLAUDIO ABBADO: Ich habe es nicht gesehen, ich war nicht auf der Piazza Lorenzo, aber wir sprachen darüber, und in der Zeitung stand es auch. Ich verstand nicht alles, weil ich noch so jung war mit zwölf Jahren. Das Schrecklichste, woran ich mich erinnere, ist die Erschießung von Partisanen an einer Wand in unserer Straße. Dieses Geräusch der Gewehre und das, was ich sah – das bleibt immer, das kann ich nie vergessen. Das war das Schrecklichste. Und einmal sah ich auch in einer anderen Straße, wie die Faschisten Leute getötet haben. Solche Ereignisse werde ich nie vergessen. Einmal sah ich Menschen auf dem Boden liegen, die eine Stunde vorher erschossen worden waren. Manchmal ließen sie die Leichen zur Abschreckung einfach zurück.

Das bleibt haften, wie andere Erlebnisse auch – ein Leben lang. Zum Beispiel die Erinnerung an die Bomben oder an den Alarm, wenn wir nachts in den Keller gehen sollten. Als Kind war das für mich aber auch aufregend – wenn ich mir das heute vorstelle! Oft war es auch schön – vielleicht weil die Freunde dabei waren und ein Mädchen, das mir sehr gefiel.

Damals rief ich oft *Abbasso Mussolini!* – Nieder mit Mussolini! – Das war gefährlich. Mein Vater sagte nur, das darf man nicht sagen. Also habe ich es erst recht und noch lauter gerufen. Ich glaube, ich war zu jung, um das genau zu verstehen.

FRITHJOF HAGER: In seinem Gedicht *Minstrels*, das er auf die Musik von Claude Debussy geschrieben hat, ruft Eugenio Montale die Kindheit zurück. Sie soll doch nicht verschwinden:

Eravamo nell'età verginale
   Wir lebten in der unberührten Zeit,
in cui le nubi non sono cifre o sigle
   da Wolken keine Zahlen sind noch Zeichen,
ma le belle sorelle che si guardano viaggiare.
   sondern geliebte Schwestern auf der Reise.
D'altra semenza uscita
   Aus anderm Keim erwachsen und
d'altra linfa nutrita
   von anderm Saft genährt als unserm
che non la nostra, debole, pareva la natura.
   kraftlosen, so erschien uns die Natur.
In lei l'asilo, in lei
   In ihr die Zuflucht und in ihr
l'estatico affisare; ella il portento
   das hingerißne Schauen; sie das Wunder
cui non sognava, o a pena, di raggiungere
   dem unsere verwirrte Seele kaum
l'anima nostra confusa.
   sich zu vereinen träumte.
Eravamo nell'età illusa
   Wir lebten in der Zeit des Trugs
... e noi certo corremmo
   ... und wir, ja, liefen,
ad aprire la porta
   die Tür aufzutun, die aufschrie
stridula sulla ghiaia des giardino.
   über dem Kies des Gartens.
L'inganno ci fu palese.
   Der Trug offenbarte sich.
Pesanti nubi sul torbato mare
   Bald erhoben sich Wolken, schwer auf der wilden,
che ci bolliva in faccia, tosto apparevo.
   aufkochenden See.
Era in aria l'attesa

In der Luft ein Warten

di un procelloso evento.

auf stürmischen Andrang.

Strania anch'essa la plaga

Schwindet doch selbst

dell'infanzia che esplora

der Erdstrich der Kindheit, die einen Innenhof

un segnato cortile come un mondo!

auskundet, als wär er die Welt!

Giungeva anche per noi l'ora che indaga.

Auch für uns kam die Stunde des Forschens.

La fanciullezza era morta in un giro a tondo...

In einem Ringelreihen starb die Kinderzeit...

Certo guardammo muti nell'attesa

Ja wir schauten verstummt auf die Stunde,

del minuto violento;

die näherkam; das gewaltsame Leben;

poi nella finta calma

dann, in geheuchelter Ruhe

sopra l'acque scavate

über furchigen Wassern,

dové metrersi un vento.

mußte ein Wind sich erheben.[12]

Zweites Kapitel

Weitergehen

Der Dornbusch ist der alte Weg-Versperrer.
Er muß Feuer fangen, wenn du weiter willst.
Franz Kafka, *aus dem dritten Oktavheft*

Jugend

CLAUDIO ABBADO: Der Krieg war vorbei!

Als Toscanini die Scala, die zerbombt worden war, neu eröffnete, durfte ich meine Eltern begleiten. Auch bei seinen Proben war ich dabei: Er war ein Diktator, wie er gegen das Orchester wütete – das hat mich erschreckt. Ich war auch dabei, als Bronislaw Hubermann das Violinkonzert von Mendelssohn, das im Krieg von den Nazis nicht nur in Deutschland, sondern auch in Italien verboten worden war, aufgeführt hat.

Das erste Mal Musik von Bartók, Musik von Strawinsky zu hören – wie aufregend war das damals. Heute sind das Klassiker, aber in jener Zeit war das eine ganz neue Musik.

Ich kannte Bartók schon. Ich liebte ihn so leidenschaftlich, daß ich – noch im Krieg – an eine Häuserwand schrieb: *Viva Bartók!*, worauf die Gestapo in mein Elternhaus kam und fragte: »Wo ist der Partisan Bartók?«

Im Krieg gab es von ihm keine Musik zu hören, aber ich spielte zu Hause, mit meinem Bruder zusammen, das 1. Klavierkonzert, wir spielten auf zwei Klavieren, und die Sonate für zwei Klaviere und Schlagzeug. Aber dann hörte ich endlich Bartók im Konzert und seine Kammermusik. Es war die Zeit der letzten Konzerte mit dem Busch-Quartett, mit dem alten Budapest-Quartett und später dann mit den großen Pianisten wie Wilhelm Backhaus, Clara Haskil, Arthur Rubinstein – und die drei letzten Konzerte von Dino Lipatti, er war ein großer Meister; ich sprach mit ihm, mein Bruder wollte bei ihm studieren.

Inzwischen ging ich weiter zur Schule und beschäftigte mich am Nachmittag mit dem Musikstudium, Klavier und Komposition. Mit etwa 15 Jahren konnte ich ein wenig Geld verdienen, ich spielte dafür in verschiedenen Kirchen die Orgel. Manchmal verpaßte ich den Lauf der Messe und merkte gar nicht, wann ich aufhören mußte. Dann kam der Küster die Treppe zur Orgel hoch und schimpfte. Der Priester sei schon ganz heiser. Er mußte ja die Musik übertönen, er war wohl drauf und dran, den Altar zu räumen.

Ich hatte viel zu tun. Nach der Messe ging ich ins Gymnasium und danach lernte ich Klavier, privat, bei einem sehr guten Lehrer – später begann ich auch privaten Kompositionsunterricht zu nehmen. Mit sechzehn Jahren ging ich aufs Konservatorium, lernte Klavier, Komposition, Orgel, studierte bei Lehrern wie Antonio Votto, einem Schüler von Toscanini, das Dirigieren und besuchte zusätzlich Kurse in Philosophie. Ich lernte nur das, was mir interessant schien, nichts anderes.

Ich liebte Bartóks Musik so, daß ich auch so komponieren wollte wie er. Dabei konnte ich aber nicht stehenbleiben. Dann versuchte ich, etwas Modernes zu schreiben; und das war für mich eine Entwicklung.

FRITHJOF HAGER: Und was haben Sie komponiert?

CLAUDIO ABBADO: Stücke für verschiedene Ensembles und Orchester. Sie wurden nicht aufgeführt. Bruno Bettinelli war mein Kompositionslehrer, er war sehr gut und bekannt in Italien.

Es gibt einen Keller in Mailand mit all den Sachen, die ich geschrieben habe, aber ich möchte sie nicht mehr sehen.

Ich war ein guter Student, sehr fleißig. Wenn ich es mir überlege, fallen mir meine Stücke ziemlich genau wieder ein. Damals war es schwer, nicht zu komponieren. Ich habe viele Noten im Gedächtnis aufgeschrieben, denn in der Nacht überfielen mich oft eine Menge Ideen: Ja, das wäre gut für diese Komposition! Das war so in den ersten Jahren, hat dann aber nachgelassen.

Eines Tages wurde ich vom *Quartetto della Scala* eingeladen. Ich durfte bei einem Klavier-Quintett [Es-Dur op. 16] von Beethoven mitwirken.[13] Das hat mich sehr heftig bewegt.

Bei jeder Gelegenheit musizierte ich mit meinen Freunden, mit meinen Geschwistern, mit meinem Vater und mit allen, die mich dazu einluden. Aber darüber vergaß ich nie das Versprechen, das ich mir in meinem Tagebuch gegeben hatte. Und ich war froh, als es endlich so weit war, ich durfte das Kammerorchester meines Vaters dirigieren. Ich war so begeistert, daß ich fast krank wurde.

Ein anderes Mal brachte mein Vater sein ganzes Kammerorchester in die Via Dorini, wo Toscanini wohnte; wir haben ihm Bachs d-moll-Klavierkonzert [BMV 1052] vorgetragen; mein Spiel hat er als sehr einfühlsam charakterisiert.

Mit diesem Orchester spielte ich Bachs Klavierkonzerte oft, in Italien, aber auch in Frankreich und Spanien, es gab viele Tourneen mit vielen Konzerten, und ich verdiente ein wenig Geld. Bei uns zu Hause war das übrigens so organisiert, daß zunächst jeder sein verdientes Geld abgab. Da spielte ich auch einmal bei einem Divertimento von Mozart die Pauke [Serenade D-Dur KV 239]. Das waren damals meine ersten öffentlichen Konzerte.

In Paris, im Salle Pleyel, habe ich verschiedene Programme nur mit Bach-Konzerten gemacht, mit Klavier und ein oder zwei Geigen. – Bei einem dieser Konzerte war ein Teil des Publikums mir zugeneigt und nicht meinem Bruder und meinem Vater, nicht sehr einfühlsam. Das war ein bißchen extrem, das braucht man nicht. Ich hatte das Gefühl, das ist wie in einer Arena, mit einer guten und einer schlechten Plazierung.

FRITHJOF HAGER: Wann haben Sie zum ersten Mal Bravo-Rufe gehört?

CLAUDIO ABBADO: Das erste Mal, als ich vor Publikum gespielt habe: ein Klavier-Quintett von Mozart.[14]

Und dann habe ich Bach dirigiert, das *Musikalische Opfer*, und Hindemiths *Kammermusiken*.

FRITHJOF HAGER: In dieser Zeit, 1950, hat, so berichtet Elisabeth Furtwängler, Wilhelm Furtwängler den gesamten *Ring* an der Scala dirigiert. Frau Furtwängler schreibt: »Ich weiß noch, wie die dicken Partituren ins Hotel gebracht wurden, und er mir die Arbeit überließ, die bündelweise zugeklebten Seiten aufzuschneiden. Plötzlich erschienen zwischen den bezeichneten, jahrelang gespielten Partien weiße und jungfräuliche Seiten, von denen noch niemals in der Scala gespielt worden war. So wurde in Mailand zum ersten Mal der *Ring* strichlos aufgeführt. Das Orchester kannte Furtwängler, er hatte in den Jahren 48/49 je zwei Konzerte mit dem Scala-Orchester gegeben. Die Bereitwilligkeit, ja Liebe des Orchesters Furtwängler gegenüber war sehr rührend. Als ein halbtägiger Streik für alle Angestellten der Scala während der Orchesterproben für die *Götterdämmerung* befohlen wurde, da erklärte sich das Orchester trotzdem zu einer Probe bereit. Ich glaube, daß die erstaunte Verzweiflung Furtwänglers, als er hörte, daß er eine Probe zuwenig haben würde, die italienischen Musiker, die sonst immer mehr diktatorische Dirigenten am Pult gewöhnt waren, so berührt hat, daß der Orchestervorstand kam und sagte: ›Maestro, wir sind bereit, diese Probe zu spielen.‹ Nun war das Erstaunen bei den leitenden Herren der Scala.«[15]

Sie sind, wie Elisabeth Furtwängler berichtet, als ganz junger Mann im Publikum gewesen, bei einer dieser Erstaufführungen.

CLAUDIO ABBADO: Obwohl ich so jung war, habe ich sofort gemerkt, daß dieser Mann genau weiß, was er will. Die Differenz zwischen Toscanini und Furtwängler war deutlich. Er bekam musikalisch, was er wollte, ohne zu streiten oder zu insistieren, ohne böse Worte zu gebrauchen. Und er sprach nur ganz wenig Italienisch, und selbst das hat das Orchester sicherlich falsch verstanden. Aber auch Bruno Walter, der an der Scala dirigierte, hatte eine ganz andere Art zu musizieren, ganz ruhig, ganz gewaltlos, ohne Probleme.

FRITHJOF HAGER: War Ihr Traum, auch auf diese Weise Musik zu machen, von anderen Wunschträumen begleitet?

CLAUDIO ABBADO: Damals träumte ich immer von einem Ideal von Frau. Manchmal dachte ich, ich hätte dieses Ideal gefunden, aber es war nicht so.

FRITHJOF HAGER: Und Ihre erste Liebe – war sie Musikerin?

CLAUDIO ABBADO: Ich kann nicht darüber sprechen. Etwas Trauriges ist geschehen. Sie ist gestorben. Das war furchtbar.

FRITHJOF HAGER: »Wenn Liebe einen ›Zweck‹ hat, transzendent gesprochen, so müßte es der sein, daß in ihrer Glut der beständig in innerste Teile auseinanderfallende Mensch zu einer Einheit zusammengeschmolzen wird.«[16]

CLAUDIO ABBADO: So ist es: nicht immer.

FRITHJOF HAGER: Sie war eine große Zeit der Hoffnung, die Nachkriegszeit. Oder war es auch ein Kampf – ein ungeheurer Protest gegen Gott?

CLAUDIO ABBADO: Meine Mutter war sehr katholisch, aber ich bin es überhaupt nicht. Ich habe kluge Freunde, die gläubig sind. Das ist ein Teil ihres Lebens. Ohne Glauben, und daran glaube ich, kann man nichts. Eine Form davon ist zum Beispiel, wie ich an meine Musik glaube, wie ich an Beethoven glaube. Wer religiös ist, würde sagen, das kommt von Gott, der diese Inspiration einem großen Komponisten gegeben hat, und sie ist sein Glaube an Gott – warum nicht? So könnte es auch sein. Aber für mich heißt das eher Lernen. Vielleicht glaubt man auch an die Natur oder daran, daß die Menschen gut sind. Ohne

Glauben, ohne Begeisterung, ohne Liebe für eine Sache: ist nichts. Zu oft sehe ich Leute, die sich nicht begeistern können.

FRITHJOF HAGER: Das Italien der Nachkriegszeit, das Italien Ihrer Jugend, ist mir aus den Filmen von Fellini vertraut.

CLAUDIO ABBADO: Seine Filme sind fast alle eine Erinnerung an die Kindheit. In jedem Film gibt es eine ganz dicke Frau, die wohl für Fellini, als er Kind war, einen Schrecken verkörpert hat.

FRITHJOF HAGER: *Amarcord* – die Kleinstadt, der Zigarettenladen mit der Frau, die da etwas verkauft, dann die Jungen, die miteinander spielen, und auch den Paraden zugucken und nichts darüber sagen, aber die schicken Männer in den Uniformen doch faszinierend finden.

CLAUDIO ABBADO: Heute fehlt mir die Zeit, ins Kino zu gehen. Wenn es etwas Besonderes gibt, dann sehe ich mir eine Video-Kassette an. Aber früher, als Kind, als Junge habe ich die Filme so oft wie möglich angesehen. Wegen der Filme von Eisenstein zum Beispiel, *Alexander Newskij* oder *Potemkin*, war ich sehr oft, beinahe zu oft im Kino. Die schönsten Fellini-Filme sind für mich *La Strada*, *8 1/2* – *La Strada* habe ich vielleicht zehnmal gesehen.

FRITHJOF HAGER: »Anfangs war *La Strada* nur eine unbestimmte Empfindung, ein schwebender Ton, der in mir das Gefühl unendlicher Traurigkeit weckte. Es war der Schatten eines undefinierbaren und verzehrenden Schuldgefühls, das sich aus Erinnerungen und Vorahnungen zusammensetzte. Meine Empfindungen führten mir lebhaft die Reise zweier Geschöpfe vor Augen, die unauflöslich miteinander verbunden sind, ohne zu wissen, warum.« Das sagt Fellini zu seinem Film: Es ist die Geschichte von der »Schwierigkeit der Menschen, miteinander zu kommunizieren, und dem grauenhaften Abgrund, der zwischen zwei menschlichen Wesen aufbrechen kann«.[17]

CLAUDIO ABBADO: Ja: Zampanò und Gelsomina. Er hört sie nicht. Sie weiß zuwenig von ihm.

FRITHJOF HAGER: Das Studium am Mailänder Konservatorium...

CLAUDIO ABBADO: ... mit zwanzig habe ich Klavier abgeschlossen. Mit zweiundzwanzig bekam ich das Diplom für Komposition.

FRITHJOF HAGER: Das war ein schnelles Tempo.

CLAUDIO ABBADO: So schnell ging das nicht – wenn man bedenkt, daß ich mit sieben Jahren mit der Musik anfing, ist das eine ziemlich lange Zeit.

Der Beruf

FRITHJOF HAGER: Man könnte beinahe sagen: Sie sind durch Berlin zum Dirigenten geworden.

CLAUDIO ABBADO: Das kann nur einer aus Berlin so sehen.

Es gab 1963 einige Konzerte mit dem RIAS-Orchester und mit Pollini als Solisten bei Beethovens 3. Klavierkonzert. Ein paar Tage später nannte man uns in den Zeitungen »die zwei, die aus dem Süden kommen«, so etwa haben sie geschrieben. Das las sich alles sehr positiv, und wir wurden ein Jahr später noch einmal eingeladen. Eines dieser Konzerte hörte sich Karajan an. Ich habe Bergs *Symphonische Stücke aus der Oper Lulu* dirigiert. Dann lud er mich ein, 1965 bei den Salzburger Festspielen zu dirigieren.

FRITHJOF HAGER: Für einen jungen Dirigenten eine Chance.

CLAUDIO ABBADO: In den nächsten Tagen sprachen wir dann über Programme, und sein Wunsch war das Cherubini-Requiem. Mein Vorschlag war Mahlers Zweite, und das hat er sofort für gut befunden, auch deshalb, weil in dieser Zeit in Salzburg nicht genug von Mahler gespielt wurde. Karajan hatte sich bis dahin noch nicht mit diesem Komponisten auseinandergesetzt.

FRITHJOF HAGER: Und Mahler war auch dem Festspiel-Publikum noch recht unbekannt.

CLAUDIO ABBADO: Nicht so bekannt wie heute.

FRITHJOF HAGER: Dank Ihrer Arbeit.

CLAUDIO ABBADO: Ach, man soll auch sehen, daß zu dieser Zeit Barbirolli und auch Bernstein Mahler-Symphonien aufgeführt haben.

FRITHJOF HAGER: Karajan war ein König im Reich der Musik.

CLAUDIO ABBADO: Ich habe ihn sehr geachtet und die anderen großen Persönlichkeiten wie Karl Böhm, George Szell, Joseph Krips und Leonard Bernstein; für sie alle empfinde ich großen Respekt.

FRITHJOF HAGER: Karajan half Ihnen in Ihren Anfängen, und Sie sind sein Nachfolger geworden, in Berlin und bei den Salzburger Osterfestspielen.

CLAUDIO ABBADO: Er war in den ersten Jahren sehr nett zu mir, gab mir hilfreiche Ratschläge, war fast wie ein Vater und sagte mir oft, ich soll aufpassen und nur, wenn ich mir einer Partitur in allem ganz sicher sei, solle ich sie dirigieren. Er erzählte mir aus eigener Erfahrung, was man als junger Dirigent nicht machen sollte. Karajan hatte sicherlich von Freunden in Italien von mir gehört, vom alten Labroche, dem Direktor der Biennale in Venedig. Ihm mußte dort etwas zu Ohren gekommen sein, er dirigierte damals oft an der Scala. Und dann zählte auch der Mitropoulos-Preis.

FRITHJOF HAGER: Ein berühmter Mann, der zu einem jungen Dirigenten kommt und sagt – bitte, ich biete dir an, bei mir zu dirigieren. Und dann noch Mahlers Zweite, was ja auch ein unglaubliches Werk ist, auch sehr publikumswirksam...

CLAUDIO ABBADO: Ja, das war von mir ganz schön verrückt und auch mutig. Ich hatte keine Angst, denn ich konnte schon als Assistent von Bernstein Mahlers Zweite probieren. Ich dirigierte sie auch an der Scala im Juni und dann im August in Salzburg. Mit den Wiener Philharmonikern war das nicht so einfach. Bei der ersten Probe lag falsches Notenmaterial vor, uralt, mit vielen Fehlern. Ich mußte sehr viel korrigieren. Aber Karajan war großzügig; er gewährte den jungen Dirigenten viele Proben und in meinem Fall mindestens fünf. Für die Wiener Philharmoniker schien es fast das erste Mal zu sein – man sagt oft: Ach, Mahler und die Wiener!; aber so geläufig waren denen die Werke ihres früheren Dirigenten damals doch nicht.

FRITHJOF HAGER: Wie Werner Resel, ein Wiener Philharmoniker, berichtet, ist man Ihnen damals skeptisch gegenübergestanden: »Ob's ihm denn gelänge, und noch dazu Mahler uns glaubhaft zu machen. Es ist ihm gelungen. Er hat gar nicht so sehr viel geredet, wie ich mich erinnern kann, sondern war wirklich nur rein interpretatorisch tätig, sonst gar nichts. Die Techniken im Orchesterspiel, die hat er dem Orchester mehr oder weniger überlassen. Und daher hat sich das Orchester gut entwickeln können, auch vom Klang her, es war jeder frei, so daß man sich nicht eingeengt gefühlt hat beim Konzert.«[18] – Sie hatten kein Herzklopfen?

CLAUDIO ABBADO: Doch. Die Generalprobe klappte überhaupt nicht. Und im Konzert dachte ich die ganze Zeit, es würde nicht gut werden: es waren Kleinigkeiten, aber für mich waren die Kleinigkeiten wie Bomben. Das Publikum war voller Begeisterung, die Kritiken auch. Ich bekam einen Preis für das beste Konzert in Salzburg. Aber ich erinnere mich auch an eine Kritik, in der stand, daß die ganze Symphonie zu schnell gespielt gewesen sei, zehn Minuten kürzer als vorgeschrieben! Und ich glaubte in diesem Moment – vielleicht stimmt das! Beim Abhören des Tonbands im Rundfunk stellte sich heraus: In der Partitur sind 80 Minuten angegeben – und es waren 80 Minuten. Ach! Die Kritiker wissen manchmal nicht, was sie schreiben.

FRITHJOF HAGER: Diese Aufführung ist vielen unvergeßlich geblieben.

CLAUDIO ABBADO: Mir jedenfalls. Ich weiß noch wie heute: Da stand ein junger Dirigent vor einem ehrwürdigen Orchester, das einfach himmlisch spielte. Mir war »die Welt abhanden gekommen«.

FRITHJOF HAGER: Wußten Sie damals, daß dieses Ereignis der Anfang Ihres Ruhms war?

CLAUDIO ABBADO: Erstens: Was heißt Ruhm?

FRITHJOF HAGER: Das tun zu können, was man will.

CLAUDIO ABBADO: Aber ich habe ja schon vorher getan, was ich wollte! Ich habe mir oft gesagt: Ich kann mich glücklich schätzen, ich kann die Musik spielen und die Programme, die ich mir wünsche, mit den besten Orchestern und mit den besten Solisten – ich habe wundervolle Kinder und gute Freunde; und ich habe gelernt, mir für mich Zeit zu nehmen.

Und dann: Was ist der Anfang? Für mich war das erste, wirkliche Konzert, das ich dirigiert habe, in Triest, 1958. Das weiß ich ganz genau, weil ich in dieser Zeit *Nobilissima Visione* von Hindemith studierte, und dieses Stück habe ich ganz selten dirigiert.

FRITHJOF HAGER: Dachten Sie manchmal: Es sind unsichtbare Mächte, die so ein Leben fördern und voranbringen?

CLAUDIO ABBADO: Dieser Aberglaube! Jeder macht sein Leben mit seinen Händen.

FRITHJOF HAGER: Insbesondere ein Dirigent.

CLAUDIO ABBADO: Es gibt das Schicksal, aber schließlich tut jeder doch das, was er möchte, folgt seinen Wünschen, seinen Träumen, seinen Phantasien. Manche Menschen sind stärker, andere schwächer, manche denken mehr, andere weniger logisch. Das Konzert in Salzburg war, wie sagt man, *la continuazione*, *un miglioramento*.

Die Aufführung

FRITHJOF HAGER: Gerade nur siebzig Jahre vor Ihrem Konzert hat Gustav Mahler seine Zweite Symphonie mit dem Berliner Philharmonischen Orchester und dem Chor der Berliner Singakademie uraufgeführt, bezahlt aus eigenen Mitteln und nach einer Vielzahl von Proben, die den bisher unerhörten und neuartigen und darum schwierig herzustellenden Klängen angemessen waren.

CLAUDIO ABBADO: Mit einer Aufführung dieses Werks in der Berliner Philharmonie am 13. Dezember 1995 habe ich an die hundertste Wiederkehr der Uraufführung erinnert.

FRITHJOF HAGER: 1965 in Salzburg, 1995 in Berlin: 30 Jahre Ihres Lebens.

Der Kritiker des Berliner *Tagesspiegels* hat dieses Konzert erlebt und sehr einfühlsam beschrieben:

»Es gehört schon heute zu den Verdiensten Claudio Abbados, die über Jahrzehnte unterbrochene Mahler-Tradition des Berliner Philharmonischen Orchesters wieder verstärkt ins Bewußtsein gerückt zu haben. Er knüpft darin an Arthur Nikisch an, ebenso aber auch an die Mahler-Interpreten Oskar Fried, Bruno Walter, Klaus Pringsheim, Otto Klemperer und Jascha Horenstein, die deutscher Rassismus ins Ausland vertrieben hatte.

Wohl mehr als alle anderen Werke Mahlers bleibt gerade dieses der Gründerzeitarchitektur der Entstehungszeit verhaftet. Das mit buntscheckiger Drastik hier aufgetürmte Weltgebäude erscheint als Übersteigerung des

Subjekts, als Ausdruck von Größenwahn. Die c-moll-Symphonie ist heute als Darstellung eines Heilsplanes im Sinne des Komponisten kaum mehr akzeptabel.

Claudio Abbado legte einen Ausweg aus diesem Dilemma dar. Er zeigte, wie man das Werk gerade dadurch aktualisieren und verändern kann, indem man es beim Wort nimmt. In der Aufführung, die einhundert Jahre später an jenen Dezembertag 1895 erinnerte, pochte er auf größte Genauigkeit im Detail. Wenn in der Partitur die einleitenden Baßfiguren ›wild‹ und mit dreifachem Forte bezeichnet sind (ergänzt durch die Anmerkung ›schnell in heftigem Ansturm‹), wenn das Seitenthema in den Violinen mit drei- bis vierfachem Piano beginnt, so ließ er diese dynamischen Extreme mit einer Schärfe realisieren, als stünde der Komponist selbst am Pult. Die Perfektion der Darstellung ließ keinen Zweifel daran, wie ernst alle Beteiligten ihre Verpflichtung nahmen. Wenn am Schluß die Streicher ›fast unhörbar‹ eintreten sollen, wurde unter der Führung Toru Yasunagas, des Konzertmeisters, das vierfache Piano in tatsächlich vernehmbarer Abstufung zum fünffachen Piano reduziert.

Durch die Genauigkeit, ja Übergenauigkeit der Realisierung schlug der Realismus der musikalischen Szenerie in Surrealismus um. Unwirklich und fremd blieben auch die Mittelsätze der Symphonie, entrümpelt von jeglicher Romantik. Der gemächliche Ländler schien auf der Stelle zu verharren. Dem Scherzo, das in seiner Starrheit wie eingefroren wirkte, vermochte auch das grelle Klarinettensolo Walter Seyfahrts keinen Humor zu geben.

Claudio Abbado inszenierte diese Fremdheit auf das penibelste. Weder die schneidenden Blechbläserstöße im Finale noch die Seufzerfiguren der Streicher besaßen menschliches Maß.

Das ›Auferstehen‹, mit dem die vereinten Sänger des Rundfunkchores und des Ernst-Senff-Chores auf die

Raummusik des ›Großen Appells‹ antworteten, blieb als geheimnisvolles Raunen fast durchgängig in dreifachem Piano. Auch die Innigkeit von Barbara Bonneys Sopransolo konnte nicht verhindern, daß der Klopstock-Text hinter den Klang zurücktrat. Eben dieser Sinnverlust, die Auflösung des Wortes in Klang, ist wohl die Botschaft, die am Ende dieses Jahrhunderts bleibt.«[19]

Von der Uraufführung hieß es jedoch: »Das Werk, von Mahler trotz einer fast unerträglichen Migräne meisterhaft dirigiert, wirkte mit der Wucht eines Elementarereignisses – ich werde nie meine Erschütterung oder die Ekstase der Zuhörer und der Ausführenden vergessen. – Selbst unter den Kritiken fanden sich, neben niedrigen, boshaften und höhnischen Besprechungen, Äußerungen von heißem Enthusiasmus, ja sogar von tief eindringendem Verstehen; die ernsteste schrieb der Rezensent der Vossischen Zeitung.«[20]

»Die Musikkritik hat dagegen von Beginn an skeptisch reagiert. Der Mahler-Exeget Theodor W. Adorno nannte den Kopfsatz der Zweiten ›redselig‹ und das Finale gar ›primitiv‹. Die einstmals suggestive Wirkung sei vergangen.«[21]

FRITHJOF HAGER: Ist diese Musik wirklich nur noch eine fremd gewordene Hoffnung, die sie einst nicht war? Oder ist es die öffentliche und die wissenschaftliche Meinung, die zu diesem Werk in Distanz geraten ist?

CLAUDIO ABBADO: In einigen Dingen, etwa im Denken der Kritiker, ähneln sich die Zeiten. Und doch hoffe ich, daß unsere Aufführung Mahlers Ideen und unserer Zeiterfahrung nahe war.

FRITHJOF HAGER: Ein Gespräch über die Kunst zu erben ...

CLAUDIO ABBADO: ... hilft nicht viel: Man muß auch vererben können. Wir sprechen zwar gerade darüber, aber

ohne das Tun der Musiker, die ihre Instrumente ergreifen...

FRITHJOF HAGER: ... und zu spielen beginnen...

CLAUDIO ABBADO: ... erlischt jede Erinnerung.

Die Erinnerung

Bruno Walter, der von der Uraufführung berichtete, war
damals gerade am Stadttheater in Hamburg Kapellmeister
geworden. Was für Zeiten: Dort war Gustav Mahler engagiert und nahm diesen Jungen mit Vergnügen auf, dem im
festen Selbstvertrauen die gängigen Opernpartituren vor
Augen waren und der – beinahe wäre er Pianist geworden
– selbstverständlich vom Blatt lesen konnte; die unabding-
bare Fertigkeit für einen getreuen Korrepetitor. So war
Walter auch in kurzer Zeit am Klavier bei allen Opernpro-
ben Mahlers mit dabei.

»Bald danach wurde ich gefragt, ob ich mich der Stellung eines Chordirektors gewachsen fühlte – der bisherige
Leiter des Chores genügte Mahlers Ansprüchen nicht. Ich
hatte zwar noch nie mit einem Chor zu tun gehabt, aber
ich nahm an und so fand ich mich mit meinen beschämen-
den achtzehn Jahren eines Morgens am Flügel des Chor-
saales und hielt eine Chorprobe von ›Lohengrin‹. Mahler
erzählte mir später, daß der Vertreter des Chores auf die
Erkundigung Pollinis [Direktor der Hamburger Oper], wie
denn der neue Chordirektor seine Sache mache, erwidert
habe: ›Der ist sehr routiniert.‹ Mahler fügte seiner Erzählung die Bemerkung an, wie häufig man am Theater Talent
für Routine und Routine für Talent halte, was ich aus eigener Erfahrung bestätigen kann.

An dem Beispiel des Mahlerschen Musizierens und Pro-
bierens vertiefte sich mein Verhältnis zu meinen eigenen

Aufgaben. Jetzt genoß ich nicht mehr meine Leichtigkeit, sondern ich begann zu verstehen, daß es auf andere Leistungen ankam als solche, die mir leicht wurden. Es war sehr schwer, eine fast instrumentale Genauigkeit bei den Sängern zu erreichen und dabei vollen dramatischen Ausdruck zu erzielen, denn das leidenschaftliche Gefühl neigt zu Dehnungen oder Beschleunigungen und vergißt den Punkt neben dem Achtel; und die Präzision wiederum stellt sich dem Ausdruck oft hindernd und erkältend in den Weg. Hier gab es viel zu lernen für meine bedenkliche Tendenz, die musikalische Korrektheit der Empfindung zuliebe zu vernachlässigen. Der Ausgleich im weiteren Sinn zwischen Musik und Drama mit seinen stilistischen Abstufungen, um den sich Mahlers Interpretation bemühte, wurde auch mir durch unsere ausführlichen Unterhaltungen zum Gegenstand des Nachdenkens, in meinen Proben zur praktischen Aufgabe. Mahlers Klavierproben, die mir durch seine herrischen, einfallsreichen Mahnungen an die Sänger, durch sein tiefes Eindringen in die Werke zu unvergeßlicher Belehrung dienten, seine Orchesterproben, in denen seine tyrannische Persönlichkeit den Musikern durch eine zwischen Einschüchterung und Anfeuerung wechselnde Methode ein Äußerstes an Leistung abgewann, machten jeder noch irgendwo in mir vorhandenen Neigung zur Selbstzufriedenheit ein Ende...«[22]

So wurde Walter auch recht umstandslos in das Haus eingeladen, in dem der Bewunderte mit seinen zwei Schwestern lebte. »Sobald es nur meine anfängliche Scheu erlaubte, fragte ich ihn nach seinem Schaffen – durch ihn lernte ich am Klavier das Werk seiner ungestümen Jugend mit den blühenden ersten Sätzen, dem geniehaften Trauermarsch und dem wilden Finale, die Erste Symphonie kennen, er spielte mir die Zweite vor, als er an ihre Partitur die letzte Hand gelegt hatte.«[23] Dazu gehörten auch Gespräche über jene wirklichen Menschen, die vorerst nur in der

Erfindung der Schriftsteller leben. »›Wer hat recht, Aljoscha oder Ivan?‹ fragte mich Emma, die jüngere Schwester Mahlers, bei einem meiner Besuche, und als ich sie verwundert ansah, erklärte sie mir, sie spräche von dem Kapitel in Dostojewskis ›Brüder Karamasow‹ mit dem Titel ›Die Brüder machen Bekanntschaft‹, das ihren Bruder so leidenschaftlich beschäftigte, daß sie bestimmt annahm, er habe auch mit mir darüber geredet. In diesem Gespräch zwischen Ivan und Aljoscha kommt in der Tat ein ähnlicher Zustand wie die Seelennot Mahlers, sein Leid über das Leid der Welt und sein Suchen nach Trost und Erhebung zu beredtem Ausdruck, und im Grunde kreiste alles, was Mahler dachte und sprach, las und komponierte um die Fragen des ›Woher? Wozu? Wohin?‹.«[24]

FRITHJOF HAGER: Stellten Sie sich solche Fragen auch – damals, als Sie so alt waren wie Bruno Walter und diese Musik zum ersten Mal erfahren haben?

CLAUDIO ABBADO: Oh, ja! Solche Fragen sind mir heute so geläufig wie damals. Ohne eine gewisse Lebenserkenntnis, ohne die Erfahrung des Schmerzes ist auch Mahlers Musik nicht zu machen. Aber man soll die musikalische Darstellung des Leidens nicht mit den Erlebnissen eines einzelnen Menschen verwechseln. Wir können mitfühlen, wie ein anderer Trauer oder Freude empfindet – und das fördert das Hören der Musik. Aber was in dieser Symphonie zu Gehör gebracht wird, ist Ergebnis einer künstlerischen Anstrengung. Mahler hat nachgedacht, als er seine Werke geschrieben hat. Naiv komponiert hat er nicht.

Die Symphonie

Und doch hat gerade dieses Werk die klugen Musiker heftig irritiert. Daß in ihm neben künstlerischen auch unkünstlerische, neben höheren auch niedere Mittel zum Zweck der Verführung der Zuhörer verwendet werden, daß solche Techniken zu billig, zu banal: eben Schauerdramatik seien; daß also im Analytisch-Kompositorischen es mit unlauteren und ungeheuren Dingen zugegangen sei – daß diese Musik fasziniert, aber den Verstand skeptisch sein läßt, der dem Sinnlichen wenig und noch weniger dem Übersinnlichen vertraut. Dies, so schreibt Schönberg, habe er an sich selber wohl erfahren, und er betrachtet dabei seine Intelligenz mit Ironie: »Ich erinnere mich genau daran, daß, als ich die II. Symphonie von Mahler zum ersten Mal hörte, ich, insbesondere an gewissen Stellen, von einer Aufregung ergriffen wurde, die sich sogar körperlich durch heftiges Herzklopfen äußerte. Trotzdem, als ich aus dem Konzert ging, unterließ ich es nicht, das Gehörte auf jene Anforderungen hin zu prüfen, die mir als Musiker bekannt waren, und denen, wie man ja glaubt, ein Kunstwerk unbedingt entsprechen müsse. Denn ich hatte die wichtigste Tatsache aus dem Gedächtnis verloren, nämlich die, daß mir ja das Werk einen unerhörten Eindruck gemacht hatte, da es mich doch zu einer willenlosen Teilnahme hingerissen hatte: daß es ja keine höhere Wirkung eines Kunstwerks geben kann, als wenn es die Bewegung, die seinen Schöpfer durchtoste, so auf den Hörer überträgt, daß es auch in diesem tost und tobt. Daß ich ja ergriffen war; im höchsten Grade ergriffen.«[25]

Was für eine mächtige, machtvolle Attraktivität. Mahler hat, was er aus seiner Kindheit von gehässigen Gassenhauern und vom schneidenden Geschmetter der Militärkapellen erinnerte, wie auch die Laute des Natürlichen, das

Glucksen und Platschen des Wassers, das Pfeifen und Poltern des Windes, musikalisiert; er hat die Scheu nicht gekannt, Ordinäres, Genrehaftes, Schlichtes mit grandios Schönem und mit höchster Vehemenz Komponiertem zu mischen; mehr noch: er hat die Geräusche und Töne der Welt, seiner Welt, die Klänge alltäglicher Geräusche und die Geräusche des tiefsten, durch und durch melodischen Lustgefühls zur symphonischen Darstellung gebracht. Was zur Natur gehört und das an ihr Unhörbare, die äußere und innere Natur, in der sich das Materielle mit dem Geistigen durchdringt, hat er verwandelt in einen sphärischen, im Raum schwebenden Klang – einen sprechenden Klang der Welt –, und diese Metamorphose hat er erst mit Hilfe seiner gedanklichen Planungen vollzogen; erst durch sie entstand der je spezifische, konkrete musikalische Ausdruck. »Glauben Sie mir es, auch die Beethovenschen Symphonien haben ihr inneres Programm, und mit der genaueren Bekanntschaft mit einem solchen Werk wächst auch das Verständnis für den ideen-richtigen Empfindungsgang. So wird es endlich auch bei meinen Werken sein.«[26]

Wie deutlich sich Mahler in seiner Arbeit sieht und wie präzise: *inneres Programm* – der Begriff ist produktionstechnisch gemeint, so wie auch jeder Film für seine Herstellung ein solches nötig hat: das Drehbuch, in dem Dialoge, Stimmungen, Handlungen, Situationen, Ortsbeschreibungen in ihren beabsichtigten Abläufen aufgezeichnet sind. Die Liebenden, ganz nah, die sich küssen vor dem Eiffelturm, die ihre Sehnsucht, in Amerika am Stillen Ozean zu wandern, da ohne Geld, auf andere Weise erfüllen. Wie sie das hinkriegen, das zeigt das fertige Kinostück, in dessen Konstruktion, dem Zusammenschnitt von inneren und äußeren Bildern, das Drehbuch verschwindet, indem es sich darin auflöst. Es ist wie das innere Programm nur Mittel zur Realisation[27], zugleich Idee und Arbeitsanleitung zur Montage. Ebenso hat es Mahler gebraucht: Die

Klänge ineinanderzufügen, quasi mit filmischen Mitteln: »Der Ton stellt sich her nicht – wie exemplarisch bei Brahms – durch die Artikulation aller verfügbaren Mittel, sondern durch Einsprengsel... Davon wimmelt Mahlers Musik; von Assimiliertem und doch nicht ganz Autochthonem, von harmonischen und melodischen Akzidentien, chromatischen Zwischenstufen und -noten, Moll-Einschiebseln in Dur-Stellen, Intervallen aus der harmonischen Moll-Skala in der Melodik.«[28] Mit einem Wort: »Er organisiert nicht durch die Harmonik im Kleinsten, sondern verschafft durch sie dem Ganzen Licht und Schatten, Vordergrund und Tiefenwirkung, Perspektive.«[29]

Äußere, reale, innere, psychische, (un)natürliche Klänge, konstruiert wie in Kameraeinstellungen, in ihren Vergrößerungen und Verkleinerungen, schneidet er zusammen, wodurch sie langsamer oder schneller werden. Es entstehen, wie am Schneidetisch, gedehnte Klangschichtungen in der Totale, oder intensive Tonbewegungen im Detail, die erst in der Montage der Klangbildreihung Effekt machen. Diese Technik der dauernden Brechung, durch die die Bilder in Bewegung gehalten werden, um für die Zuschauer die Illusion des lebendigen Raums zu erzeugen, ist den Filmemachern wohlbekannt. Man könnte beinahe sagen: bei Mahler ist der Film, ehe ihm seine eigenen künstlerischen Möglichkeiten in der filmgeschichtlichen Entwicklung bewußt wurden, bereits als orchestrales Ereignis klar: Kino als Musik.

CLAUDIO ABBADO: Auch die Filmindustrie ist von der Vorstellung von einem Kunstwerk, das die anderen Künste umfaßt, nicht abzubringen; obwohl sie immer wieder daran scheitert. Aber in Mahlers Musik geschieht etwas, was man nicht mit anderen Künsten verwechseln und auch nicht vergleichen kann.

FRITHJOF HAGER: »Daß unsere Musik das ›rein

Menschliche‹ (alles was dazu gehört, also auch das ›Gedankliche‹) involviert, ist ja doch nicht zu leugnen. Es kommt, wie in aller Kunst, eben auf die reinen Mittel des Ausdrucks an usw. usw. Wenn man musizieren will, darf man nicht malen, dichten, beschreiben wollen. Aber was man musiziert, ist doch der ganze (also fühlende, denkende, atmende, leidende) Mensch. Es wäre ja auch nichts weiter gegen ein ›Programm‹ einzuwenden (wenn es auch nicht gerade die höchste Staffel der Leiter ist) – aber ein Musiker muß sich da aussprechen und nicht ein Literat, Philosoph, Maler (alle die sind im Musiker enthalten).«[30]

CLAUDIO ABBADO: Alle sind im Musiker enthalten – in seinen Gedanken.

Die Frage

In diesem Fall ist es, Bruno Walter hat es bezeugt, das Gespräch der beiden ungleichen Geschwister Karamasow, das die Produktionsidee ergeben hat; in dessen Verlauf der eine, Ivan, vor seinem Bruder Aljoscha die erwachsenen Menschen ihrer Schuld anklagt, die in ihrer Gier, ihrem Haß und ihrem Neid sich gegenseitig zugrunde richten, die die Anstrengungen gegen ihre Zerstörungslust ohnmächtig werden lassen, die durch ihr Handeln unschuldige Opfer über Opfer erzwingen, und der deshalb nach dem Zweck dieses Tuns fragt und an eine Antwort, die als einzige übrigbleibt und dereinst, am Ziel der Welt, am Tag der Auferstehung aller Toten, gegeben werde, nicht glaubt: »Ich will mit meinen Augen sehen, wie das Reh arglos neben dem Löwen ruht, und wie der Ermordete aufersteht und seinen Mörder umarmt. Ich will dabei sein, wenn alle plötzlich erfahren, warum und wozu alles so gewesen ist. Auf diesem Wunsch beruhen alle Religionen der Erde, und ich bin gläubig. Aber da sind nun die Kinder, was soll ich mit ihnen anfangen? Das ist eine Frage, die ich nicht zu beantworten vermag. Zum hundertsten Mal sage ich dir: solche Fragen gibt es in Unmengen, ich aber habe nur die Kinder allein genommen, denn hier ist das, was ich zu sagen habe, unwiderlegbar klar. Höre: wenn alle leiden müssen, um damit die ewige Harmonie zu erkaufen, so sag mir doch bitte, was das mit den kleinen Kindern zu tun hat? Es bleibt unbegreiflich, warum auch sie leiden müssen und warum auch sie durch Leiden die Harmonie erkaufen sollen. Warum sind auch sie zum Dünger für irgend jemandes zukünftige Harmonie geworden? Die Solidarität der Menschen in der Sünde begreife ich sehr wohl, ich begreife auch die Solidarität in der Vergeltung – aber doch nicht mit kleinen Kindern Solidarität in der Sünde!«[31]

Ob im Weltfinale schließlich etwas so Herrliches erscheinen wird, daß es zur Sühne aller Greuel, die die Menschen aneinander begangen haben, ausreichen wird – das wird so sein können, aber es ist nicht zu akzeptieren, so Ivan: Darin ist kein menschlicher Sinn, weil er aus dem Blut der Unschuldigen, der nicht schuldig Gewordenen entsteht.

»Wir stehen wieder vor allen furchtbaren Fragen« – so erläutert Mahler den fünften Satz seiner Zweiten Symphonie: »Es ertönt die Stimme des Rufers: Das Ende alles Lebendigen ist gekommen – das Jüngste Gericht kündigt sich an, und der ganze Schrecken des Tages aller Tage ist hereingebrochen. Die Erde bebt, die Gräber springen auf, die Toten erheben sich und schreiten in endlosem Zug daher. Die Grossen und die Kleinen dieser Erde – die Könige und die Bettler, die Gerechten und die Gottlosen – alle wollen dahin – der Ruf nach Erbarmen und Gnade tönt schrecklich an unser Ohr. Immer furchtbarer schreit es daher – alle Sinne vergehen uns, alles Bewusstsein schwindet uns beim Herannahen des ewigen Geistes.«[32]

So wie Mahler seine Programme, schreibt heute ein guter Filmemacher, wenn er große Themen nicht scheut und wenn er Phantasie hat und amerikanisches Geld, um es zu realisieren, sein Treatment.

So hat Mahler die Qual des quälenden Gewissens, die Peinigungen der Gewissenserforschung komponiert; was für Dostojewski galt, gilt auch für ihn: Es sind keine symphonischen Dichtungen, keine Dramen, sondern kolossale Epen, fast ganz szenisch komponiert. Sein Thema ist aber von dem des Schriftstellers verschieden: Nicht das Verbrechen der Menschen gegen sich selbst, das sie in Erwartung der Strafe immer wieder wiederholen – der Musiker widerspricht der in sich kreisenden Denk- und Handlungsfolge von Schuld, Vergeltung, Opfer, Strafe. »Der Große Appell ertönt – die Trompeten der Apokalypse rufen.« Keiner schreit mehr, alle sind erstarrt, vor Entsetzen stumm und in dieser »grauenvollen Stille glauben wir eine ferne, ferne Nachtigall zu vernehmen, wie einen letzten zitternden Nachhall des Erdenlebens!«[33]

Das Trillern und Zwitschern der Nachtigall – der schuldlose Laut der Natur, das Echo der Musik, der opferlosen Kunst; ihr Urlaut: Versöhnung. »Da erscheint die Herrlichkeit Gottes! Ein wundervolles, mildes Licht durchdringt uns bis an das Herz – alles ist still und selig! Und siehe da: Es ist kein Gericht. Es ist kein Sünder, kein Gerechter, kein Grosser – und kein Kleiner – es ist nicht Strafe und nicht Lohn! Ein allmächtiges Liebesgefühl durchleuchtet uns mit seligem Wissen und Sein.«[34]

»Seine Symphonie ist *opera assoluta*. Wie die Oper steigt Mahlers romanhafte Symphonik aus Leidenschaft auf und flutet zurück; Partien der Erfüllung wie die seinen kennen Oper und Roman besser als sonst absolute Musik.«[35]

Das Leben der Musik

CLAUDIO ABBADO: In der Zweiten Symphonie redet Mahlers Musik immerhin von einem seligen Wissen, das sich dem Gehör erschließen kann. 5. Satz, Takt 616 ff. habe ich damals immer gerne gesungen.

FRITHJOF HAGER: In welcher Stimmlage?

CLAUDIO ABBADO: Baßbariton. Mahler schrieb nicht für ein Jenseits, das mag aussehen, wie es will; sondern für uns, für heute.

> Was entstanden ist, das muß vergehen,
> Was vergangen, auferstehen!
> Hör auf zu beben!
> Bereite Dich!
> Bereite Dich zu leben!

Das ist keine Vertröstung auf irgendwann. Das ist konkret und meint die Musik, die im Moment entsteht und vergeht, in der Zeit verschwindet und durch sie immer wieder neu erfunden wird. Wer das versteht, braucht keine Angst mehr.

FRITHJOF HAGER: Der muß keine Angst haben.

CLAUDIO ABBADO: Sie ist immer wieder da, aber oft gar nicht nötig.

FRITHJOF HAGER: Schon im Alten Testament heißt es: »Ich nehme Himmel und Erde heute über Euch zum Zeugen: Ich habe Euch Leben und Tod, Segen und Fluch vorgelegt, daß du das Leben erwählst.« – So Moses großartige Rede (5. Mose 30).

CLAUDIO ABBADO: Das sind die großen Themen der Philosophen – aber das ist auch und zuerst eine Frage der alltäglichen Entscheidung. Der Unglaube an Freundschaft und Zuneigung ist deshalb so stark, weil man die Kehrseite dieser Gefühle so mächtig machen kann. In Wien, schon in meiner Studentenzeit, habe ich gelernt, wie intensiv Sympathie und Abneigung, Haß und Respekt aufeinander wirken.

FRITHJOF HAGER: Diese Verteilung der Gefühle kann man da auch bestens studieren.

CLAUDIO ABBADO: Sie fördern die Menschenkenntnis. Diese kann man auch in der Politik lernen. Von ihr reden alle, an sie denken alle. Ich auch. Das war schon so, als ich in Wien studiert habe. Da haben wir Studenten für die Ungarn, die nach ihrem Aufstand flüchten mußten, ein Benefizkonzert gegeben. Das war genauso selbstverständlich wie der Protest, den ich mit Maurizio Pollini und Luigi Nono gegen den Faschismus in Griechenland organisiert habe. Und wie die Briefe, die wir, Rafael Kubelik, Daniel Barenboim und ich, gegen die Invasion der Russen in die Tschechoslowakei veröffentlicht haben, wie mein Protest gegen den Angriff der Amerikaner auf Vietnam. Ich habe oft in Israel dirigiert und den Palästinensern viel Geld für ein kleines Spital gegeben. Ich bin kein Politiker und möchte es auch nicht sein – aber ich setze mich ein, wenn diejenigen, die Entscheidungen zu verantworten haben, nicht die Folgen verstehen wollen, oder über das, was sie tun, nicht ausreichend nachgedacht haben, und ich mir sicher bin, daß ihr Handeln nicht richtig ist, dann gehe ich mit den Kräften, über die ich verfüge, dagegen an.

Was heißt politisch denken? Ein Beispiel: In der Bibel, im Evangelium sind Einsichten zu finden, die richtig sind. Aber was liest die Religion oder die Kirche aus ihnen heraus? Das ist oft verfälschend, das ist der Politik sehr ähnlich. Was ist eine Kirche? Diese irren Kriege, die für eine Idee oder eine Religion geführt werden, weil einer glaubt, er sei ein Prophet! Oder weil einer die Madonna anbetet! Der andere nicht! Oder weil einer ein Linker ist, der andere ein Rechter! Wozu? Es gibt keinen Grund. Es ist nur lächerlich. Wie viele Millionen Menschen sind für dieses Entweder-Oder gestorben. Ich denke nicht nur, daß diese Aufspaltungen falsch sind; dieses Sterben ist verrückt und entsetzlich.

Unfrei zu sein ertrage ich ebensowenig wie Unrecht. Das ist keine Sache einer Partei. Es ist meine Sache. Die Zeitungen wie die Politiker, ob sie sich nun als links oder als rechts ansahen, wollten das nicht begreifen. Sie benutzten damals meinen wie auch andere Namen, meistens im schlechtesten Sinne, nur zu ihrem machtpolitischen Vorteil. Das zu erleben war erschreckend.

Heute geht es etwas anders zu. Die Einteilung in Prominente und Bürger, die immer wieder versucht wird, erscheint mir ähnlich dubios. Wem soll sie nützen? Soll sich ein Bürger an die Meinung desjenigen, der in der Öffentlichkeit bekannt geworden ist, anhängen und selber keine eigene mehr haben? Es kann doch jeder nach seinen Möglichkeiten politisch wirken. Was die Aufgaben betrifft, die uns alle angehen – welche Differenzen soll es zwischen den Menschen eines Landes geben? Wer von ihnen ist nicht dafür, daß er, seine Kinder und seine Nachbarn zufrieden und frei leben können? Jeder ist verantwortlich!

FRITHJOF HAGER: Bei Ihren Proben, die ich miterlebe, passiert es immer wieder: Irgendwann sind die Unebenheiten und Ungenauigkeiten überwunden und in Balance gebracht. Der Klang fängt an, lebendig zu werden und beginnt zu schweben und eine Heiterkeit breitet sich aus: Und plötzlich tut sich so etwas wie Freiheit auf.

CLAUDIO ABBADO: Ein großes Wort, ein schönes Gefühl.

FRITHJOF HAGER: Ich vermute, das ist Ihnen wichtiger als Geld, Ruhm und Ehre: die eigene Unabhängigkeit.

CLAUDIO ABBADO: Ja. Was ist Geld? In der Studentenzeit hatte ich sehr wenig, es war auch nicht wichtig. Als ich anfing, etwas zu verdienen, kaufte ich eine Wohnung, dann ein Haus; das brauche ich heute nicht mehr. Ich habe schon alles meinen drei Kindern übergeben. In Berlin lebe ich zur Miete.

Es gibt noch etwas anderes als Geld oder Zeit – ja, wer hat das gesagt? Ich glaube, Camus hat darüber geschrieben – daß die Freundschaft der Reichtum der Armen sei – *la richesse des pauvres*. Das ist, finde ich, richtig.

Es gab Zeiten, da war ich arm; ich komme aus einer Familie, die bescheiden lebte, aber ich bin bis heute genau derselbe geblieben, der ich damals war; das hoffe ich. Ich kann ganz gut einfach leben, und wenn es manchmal eine schöne Einladung zu gutem Essen und Wein gibt, warum nicht?

Man kann sagen: Der hat leicht reden, er hat keine Geldsorgen. Das stimmt. Es ist nicht zu leugnen, daß es gut ist, Geld zu haben. Beispielsweise habe ich verschiedene Stiftungen aufbauen können, um jungen Musikern in ihrer Ausbildung zu helfen. Ein zweites Beispiel: In Sardinien haben wir Land gekauft und da ein grüne Zone geschaffen, wo vorher nur Müll war. 8000 Pflanzen haben wir gesetzt, die automatisch bewässert werden. Vorher war vom Bürgermeister des Ortes dort ein Hotel geplant, es hätte die Gegend vollends zerstört. Diese Pläne haben wir durchkreuzt; das war nicht ganz ungefährlich, es wurde in den ersten Jahren aus Rache immer wieder Feuer gelegt, aber die Drahtzieher sitzen im Gefängnis und ein neuer Bürgermeister ist gewählt. Wenn doch diese Anlage so bleiben könnte, wie sie ist: zwanzig, dreißig Jahre lang, für meine Kinder und Enkelkinder!

Über die Machtspiele hinaus, die manchmal nötig und oft nur grausam sind, besteht noch eine andere Politik: für die Menschen selber. Auch mit ihr wird oft nur Mißbrauch getrieben. Aber wir leben von ihr, von den freundschaftlichen Beziehungen, die wir miteinander haben.

Das zu begreifen war auch für mich nicht einfach.

Ich erinnere mich, als ich in New York bei Leonard Bernstein studierte – das war nach dem Mitropoulos-Festival, ich war für ein Jahr eingeladen, mit den New Yorker Philharmonikern zu arbeiten –, da erlebte ich, daß dieser bedeutende Musiker, den ich verehrte, unsicher war, oft nervös erschien. Aber woher kam das?

Eines Tages – ich hatte mit diesem Orchester ein Konzert gegeben, Bernstein war dabeigewesen und ganz begeistert, wir saßen anschließend mit einigen Freunden beim Essen –, da hat er mich gefragt: »Sag mal, du weißt es doch: Was mache ich falsch?« Was hätte ich ihm sagen sollen? Er dirigiert, er hat schon immer sehr viel geschrieben, viele Musicals, wie die *West Side Story*, die mir gefällt; er komponierte auch, sagen wir, moderne klassische Musik wie die *Kaddish Symphony*, nicht so gute Musik, wie ich finde; er versuchte im Fernsehen, Kindern Musik nahezubringen; er machte TV-Shows, er tanzte – was hat er nicht alles gemacht! Ich zögerte, ihm zu antworten. Aber er insistierte, dreimal, viermal: »Ich bin nicht Karajan, mir kannst du alles sagen!«

Mir war eingefallen, wie es mir zehn Jahre früher, mit etwa zwanzig Jahren erging. Ich spielte damals Klavier und komponierte außerdem, nicht so schön wie Bernstein. Ich erzählte ihm von meiner Krise. Wie ich mich hatte zwingen müssen, nicht alles gleichzeitig zu wollen: Komponist werden, Dirigent werden, Pianist werden, sondern einen Weg zu suchen und zu finden. Nur das habe ich gesagt. Plötzlich gab es kein Wort mehr, nach einem *Good Night* ist er gegangen, vielleicht wütend oder verletzt. Ich hatte ihn offensichtlich getroffen.

Daß wir das Gespräch nicht weiterführten, war schade! Denn es ist eine Erfahrung, sie gehört zu unserem Beruf. Komponieren braucht Zeit, für mich zehn Stunden täglich, mindestens; ich wäre auch kein schlechter Pianist geworden, aber mir fliegt es nicht gerade zu wie Daniel Barenboim, der so schön spielt, ohne sich dafür mühen zu müssen. Ich hätte üben müssen, sieben Stunden am Tag.

Damals hatte ich verstanden, wie wichtig es ist, sich nur auf eine Sache zu konzentrieren, nur durch eine Sache zu sprechen. Ich habe mich entschieden und habe es nie bedauert! Schließlich sind aus der Aufgabe zu dirigieren immer wieder andere Ideen, Pläne und Träume entstanden. Mich erfreut das jedesmal. Immer wieder kann und muß ich mich fragen, welchen Weg ich einschlagen will. Und es hilft mir nicht nur, was mich mein Großvater gelehrt hat: Wie man erahnen kann, was einige Sekunden später sein wird, und wie man sich dazu verhalten kann. Auch der Hinweis von Friedrich Gulda hat mir oft geholfen, bei dem ich zu jener Zeit studierte, als ich mich für meine Arbeit zu entscheiden hatte. Er sagte: »Ja, schau, du spielst gut, aber diese drei Finger, mit denen du gerade spielst, sollten doch schon jetzt daran denken, was es zwanzig Takte später zu tun gibt; und sie sollten darauf vorbereitet sein.«

Wenn man das auf das Leben überträgt: Wie viele Dinge kann man ganz genauso planen und ordnen; Monate, Wochen, Tage, Stunden oder Minuten vorher schon antizipieren? Mein Großvater machte aus dieser Methode fast eine Philosophie. Langsam habe ich mir dieses Denken auch angeeignet, bis es sich ganz spontan einstellte.

Es hat mir nie geschadet. Als ich den Koussewitzky-Preis erhielt – in Tanglewood waren wir, Zubin Mehta, Gustav Meier und ich, außerdem fünf Amerikaner, es gab viele Proben, wir dirigierten an acht Abenden; nach jedem Konzert ist ein Dirigent ausgeschieden, beim Schlußkonzert waren nur noch wir drei von der Wiener Musikakademie übrig –, da hätte ich bei einem amerikanischen Orchester Musikdirektor werden können. Ich lehnte ab, ich wollte zurück nach Europa, ich brauchte Zeit fürs Studieren. Mir war klar, ich war noch nicht bereit, ich wußte noch nicht genug.

Mein erstes Konzert mit einem kompletten Programm habe ich ja 1958 in Triest dirigiert, in einer Stadt, in der es Tradition ist, in den Familien Kammermusik zu spielen. Aber ich habe keine schnelle Karriere gemacht, das sieht heute nur so aus.

Wie oft habe ich als junger Dirigent Einladungen zu Festivals ausgeschlagen, wenn man mir dort nur ganz wenige Proben anbot, oder wenn mir die Besetzung der Rollen nicht gefiel. Ich bin fest geblieben: Wenn *das* die Bedingungen sind, dann komme ich nicht. Und anfangs – ich hatte schon Familie und Kinder und gab nur zwei oder drei Konzerte im Jahr – war es nicht leicht, nein zu sagen.

Ich bin Lehrer geworden, um lernen zu können, und habe in Parma unterrichtet: Kammermusik. Ich konnte in Ruhe vorausdenken, meine nächsten Schritte tun, habe in verschiedenen Ensembles mitgewirkt, Erfahrung gesammelt und auch als Pianist gearbeitet.

Aber so hat es nicht angefangen.

Bei jener Sommerakademie in Salzburg riet mir Gulda, zum Studium nach Wien zu gehen. Was war das dort für eine wunderbare Zeit. Ich war froh, glücklich! Der große Saal des Singvereins war damals während der Proben geschlossen, also dachten Zubin Mehta und ich uns einen Ausweg aus: Es gab nur eine Möglichkeit, die großen Dirigenten bei ihrer Arbeit zu erleben, und die war, im Chor zu singen. Also sangen wir im Chor. Ich erinnere mich an die Aufführung von Mozarts *Requiem*, die Bruno Walter dirigiert hat, an sein freundliches, heiteres Gesicht. Er lächelte, wenn er sich bei den Einsätzen uns zuwandte, in einer Art, daß ich damals dachte, er musiziert im Einverständnis mit dem Komponisten, es war, als seien beide in ein Gespräch miteinander vertieft, das nicht aufhörte.

In einer der Pausen saß er allein, Zubin Mehta und ich sind an ihm vorbeigegangen, einmal, zweimal, wir wollten uns ein Herz fassen und mit ihm über aufführungstechnische Fragen sprechen; wir trauten uns dann doch nicht; wir waren eben sehr jung. Unsere Bewunderung war sehr groß.

Wir haben außer Mahlers Zweiter Beethovens Neunte Symphonie, die *Matthäus-Passion*, Haydns *Schöpfung*, *Missa Solemnis*, Brahms' *Requiem* gesungen; wir haben die berühmten Dirigenten erlebt, George Szell, Josef Krips, Herbert von Karajan und Hermann Scherchen. Ihr Ausdrucksreichtum, ihre Kraft zu gestalten waren ein Geschenk für uns. Daß wir dabei sein und mittun konnten, ihre Arbeitweise mit Augen und Ohren studieren und singen, hören und lernen konnten! Wir haben oft gesagt: »Ja, so muß es sein, so soll man es machen!« Wieviel haben sie uns mit auf den Weg gegeben!

Dieses Gefühl der Dankbarkeit bleibt. Durch sie wuchs unser Mut, der eigenen Neugier und unserer Sehnsucht zu folgen, selber in diesen Klängen etwas zu entdecken und das zu vervollkommnen, was man gefunden hat. Das eine wie das andere, beides gelingt nur in Annäherung, durch das genaue Studieren der Partituren und der Quellen, der Handschriften, und durch ihre Erarbeitung mit den Musikern, ohne Zwang. Das sagt sich einfacher, als es ist.

Das Studium

Die systematische, analytische Arbeit mit Partituren, das Dirigieren – einigermaßen konnte ich es ja – lernte ich bei Hans Swarowsky an der Wiener Akademie für Musik und Darstellende Kunst.

FRITHJOF HAGER: Der über eine Wiener Biographie verfügte, und über was für eine: Bei der Uraufführung der VIII. Symphonie von Gustav Mahler sang er im Chor, war ein begabter Klavierspieler, hörte dann in Wien Psychologie bei Freud, studierte Kunstgeschichte, hat mit Kafka

Gespräche geführt, war mit Karl Kraus bekannt, mit Werfel und Wedekind, wies bei Gelegenheit Toscanini auf zwei falsche Noten in seiner Ausgabe der Es-Dur Symphonie von Mozart hin, ist dann selbst Dirigent geworden, war Assistent von Clemens Krauss, längere Zeit der Eckermann von Richard Strauss und ist nach dem Krieg Lehrer von Dirigenten gewesen, dreißig Jahre lang. Das Studium der Musik hat er bei Schönberg betrieben und bei demjenigen, über den er schreibt: »Wäre Anton von Webern als Gestalt die Erfindung eines Dichters, er müßte der Phantasie Adalbert Stifters entsprungen sein. Nie konnte ich mich im Zusammensein mit ihm des Gefühls erwehren, eine Situtation aus dem *Nachsommer* zu erleben. So sehr glich Webern in seiner liebevollen Sorgfalt nicht nur für Natur und Mensch, sondern ebenso für alles Dingliche, in seiner umständlichen Art des Erfassens und Weitergebens, in der Zärtlichkeit des Umgangs mit den Erscheinungen, in der bemühten Lehrhaftigkeit seiner Instruktion jenen immer bedachtsam Werkenden Stifterscher Prägung, und durch eine gewisse gelegentlich entwaffnende Identität vervollständigte er diesen Eindruck . . .«[36]

CLAUDIO ABBADO: So wäre er selber wohl gerne gewesen. Er war ein großer Lehrer in einer großen Tradition und für meine Bildung sehr bedeutsam. Damals entdeckte ich die Bücher von Kafka, Roth, Schnitzler, die Bilder von Kokoschka, die von Schiele, die mich in ihrer Heftigkeit aufrührten; die Zweite Wiener Schule, von der ich zunächst wenig wußte – heute sind das alles Namen, die jeder kennt; damals waren es neue Welten, auch für mich, Reisen ins Unbekannte, wie die Werke von Bruckner und Mahler, die wir als Studenten immer wieder durchgearbeitet haben.

Swarowsky, der soviel wußte über die moderne Kultur, die zu der Zeit, als wir bei ihm studierten, wegen des Faschismus und des Krieges in der Öffentlichkeit noch nicht wieder etwas galt, und der gerne von ihr erzählte, war in seinem Unterricht unnachgiebig, rigide. Nun ist die Technik des Dirigierens die Basis des Berufs, bedeutsam für die Arbeit ist sie nicht. Wie man eine Komposition in sich hineingenommen, verdaut, verinnerlicht hat, wieviel man über sie weiß, das zählt. Sehen Sie, wie Furtwängler oder Böhm dirigiert haben – war das deutlich, war das schön? Aber sie haben jede Komposition wirklich tief gekannt – in die Tiefe vordringen, das heißt: in einer Komposition etwas Neues finden, ohne Grenzen, immer wieder, bei jeder Aufführung, immer noch etwas Neues. In dem Moment, wo einer denkt, er wisse schon alles über dieses Stück Musik, ist er verloren.

FRITHJOF HAGER: »Der Dirigent strebe, sich an die Schöpfung zu verschwenden«, hat Ihr Lehrer gesagt, und: »Das Werk soll so präsentiert werden, als würde es zum ersten Mal gespielt ohne Restspuren des Erlernthabens, neuen Atems voll.« Und folgerichtig fordert er vom Dirigenten: »Vollkommene Kenntnis des Werkes, das heißt nicht nur des Was, sondern vor allem des Wie und Warum; Beherrschung der Musiktheorie, Kenntnis vorangegangener Kunst- und Stilepochen, die Fähigkeit, sich in deren Gedanken- und Gefühlswelt zu versetzen, erkennende Betrachtung der Struktur des Werkes rein analytisch und in Relation zu den zeitlichen und individuellen Gegebenheiten, Zusammenfassung und Verlebendigung in der inneren Vorstellung . . . «[37]

CLAUDIO ABBADO: Der Weg zu diesem Können ging über das Erlernen seiner Methoden; er stellte verschiedene vor, jeder Student sollte selbst entscheiden, welche den eigenen Fähigkeiten angemessen war. Ein Beispiel: Eine Partitur am Klavier lesen hieß, simultan mit einer Hand spielen und mit der anderen dirigieren; mit der rechten dirigieren und mit der linken spielen, beide unabhängig voneinander.

Oder wir studierten eine Partitur vertikal oder horizontal, nur über die großen Bögen, über die vielen kleinen Bögen, hundert Takte, sechzehn Takte, acht Takte, vier Takte. Bei dieser Formanalyse konzentriert man sich beispielsweise nur auf die vier Takte, lernt jede Linie, jedes Instrument in dieser Einheit, und geht nicht weiter, ehe man sie nicht auswendig weiß. So kommt man zu immer größeren Reihungen, aus denen sich dann das Bild der ganzen Instrumentation ergibt. Nimmt man eine schwierige Komposition, fragt man sich nach dem ersten Eindruck noch: Wie soll das zu schaffen sein? Dann geht es doch, wenn man sich die ersten sechzehn Takte auf diese Weise angeeignet hat. Wie so oft: viel Zeit ist dafür nötig. Und die habe ich am Anfang gehabt.

Dabei kannte Swarowsky das Wort Didaktik wohl nicht. Wir sollten zwar nur das übernehmen, was für jeden von uns praktisch war, so seine Worte, aber er war nicht so frei und liberal, wie ich das schildere, er war sehr diktatorisch: »Nein! Das *muß* so sein! Sie verstehen nichts! Sie sind Idioten!« Mir kam seine Methode der Taktgruppeneinteilung zu mathematisch vor. Aber gerade bei der modernen Musik hilft diese Methode ungemein. Zunächst sollte man nur musikalisch verstehen lernen, dann kommt aber ein Moment, wo diese Analyse der mathematisierten Formeinheiten nützlich ist. Wie eine innere Architektur. Dann sollte dieser Aufbau so ins Denken integriert werden, daß nur die Musik übrigbleibt.

Zu Beginn des Studiums waren wir zwanzig, dreißig Studenten, später arbeitete er nur mit wenigen, mit Zubin Mehta, mit mir und einem anderen, den er oft beschimpfte – mich zuerst auch; dann, nach einer Aufführung, die ich dirigiert habe, meinte er ironisch: ›Ah, schau an, der neue Toscanini!‹

FRITHJOF HAGER: Das war auch eine Provokation!

CLAUDIO ABBADO: Ja, auch. Aber ein bißchen war das

auch als Kompliment gemeint. Ich erinnere mich, wie er sich über meinen ersten internationalen Erfolg in Salzburg, über meine Arbeit mit den Wiener Philharmonikern und die Mahler-Symphonie freute; er war vom Konzert ganz begeistert und war stolz auf seinen Schüler.

Drittes Kapitel

In Übereinstimmung

Die Welt ist so leer, wenn man nur Berge, Flüsse und Städte darin denkt, aber hie und da jemand zu wissen, der mit uns übereinstimmt, mit dem wir auch stillschweigend fortleben, das macht uns dieses Erdenrund erst zu einem bewohnten Garten.

Johann Wolfgang Goethe: *Wilhelm Meisters Lehrjahre*

Die Heimat, der geistige Ort

Mailand, eine Stadt voller Geschäfte, fleißiger Menschen, eine sehr alte Stadt voller Museen, Galerien, Kirchen, besteht nicht nur wirklich, sondern auch imaginär, sie ist beladen von Geschichte; die Stadt hat ihr eigenes Gedächtnis, in dem Möglichkeiten aufbewahrt sind: etwas zu erzeugen, etwas neu zu erdenken, unerhörte, unerkannte Kunst zu erfinden.

Mailand ist die Stadt, deren Straßen, Häuser und Plätze Claudio Abbado am besten kennt: Wie oft ist er von der Wohnung der Eltern zum Konservatorium gegangen, vom Bahnhof – aus Wien oder anderswoher kommend – nach Hause; in die Restaurants und die Cafés zu Verabredungen mit den Freunden; in das Theater von Giorgio Strehler. Diese immer wiederkehrenden Wege bilden mit der Zeit einen privaten Stadtplan, ähnlich dem, wie ihn jeder für sich erstellt, um die eigene Stadt zu erleben: in ihm eingezeichnet die Erinnerungen an geliebte Menschen und an Hoffnungen, Träume, Entwürfe, die gelungen oder übriggeblieben sind: Sie alle werden lebendig, wenn man an den Orten, an denen sie entstanden, wiederum vorbeigeht.

So spricht die Stadt zu jedem, der sie eine Zeitlang bewohnt. So wirkt sie auf das, was einer will. Sie ist die Situation, die die Ideen, die zum Handeln drängen, bestimmt.

Claudio Abbados Mailand: eine Stadt, voll von Musik, die seiner Kindheit, seiner Jugend, seiner Studentenzeit. Klänge hören, einüben, um den eigenen Ton zu finden; jeden Tag Musik studieren, um dirigieren zu können – diesen Wunsch zu verwirklichen: Dafür war die Situation dieser Stadt im höchsten Maße geeignet, denn sie ist von einer Wirkungsmacht beherrscht, die ihr vorausgeht.

Ohne Giuseppe Verdi, der das Geheimnis des richtigen

Tons an der richtigen Stelle kannte, lebte das musikalische Mailand nicht. Kann über Claudio Abbados Klangvorstellungen, über seine musikalischen Gedanken gesprochen werden, wenn dieser Mann nicht zu Worte kommt? Die Komponisten, die Musiker, die Sängerinnen, die Sänger, die Dirigenten – die, die nach ihm kamen –, haben sie von diesem nicht ein Wissen übereignet bekommen und geben sie es nicht durch ihr Musikmachen weiter? Sie setzen durch ihre Arbeit fort, was Verdi begonnen und gewollt hat, mal besser, mal schlechter, sich von ihm unterscheidend oder ihm zustimmend. Was ist in sein Werk eingeschrieben? Was durchdringt es so tief?

Erinnern Sie sich?

»È morto Verdi!«: Jene aufschluchzend rufende, müde und quengelnde Stimme, im bläulichen Halbdunkel, die Musik, aufbrausend treibende Klänge – wir kennen sie – heftig und schmerzlich: der Narr, wie die Betrunkenen es tun, zielsicher und schwankend, kommt um die Kehre des Weges: »Verdi è morto!« – der Mann, verwachsene Schulter, Pluderhosen: Rigoletto ruft es, spöttisch, bitter, beladen von Mitleid und Wein: »Giuseppe Verdi è morto!«, stolpert vom Weg herunter und fällt ins Gras – die Kamera, langsam beginnt der Morgen, schwenkt auf das kleine gelbe Fenster, das zwischen Ästen und Laub hervorleuchtet; das Gezwitscher der Vögel, von einer Frau das Wehgeschrei, immer mehr Lichter gehen an im Haus hinter den Bäumen. Kinder, die die Geburt eines Kindes spielen, sie brauchen dafür nur eine Melone und ein Tuch, kichern, jemand zieht eine Tür zu, hinter der der nackte Körper einer Frau, die gebiert, gerade eben noch zu sehen ist – das ist ein präzises Datum: am 27. Januar 1901 ist Verdi in Mailand gestorben.

Ein Jahrhundert vergangen, ein anderes begonnen; es ist gerade zur Welt gekommen.

Erinnern Sie sich: Jener Film von Bernardo Bertolucci *Novecento*, der mit noch einer anderen Hoffnung beginnt:

jenes Kind, jener Junge, noch nicht fünfzehn Jahre alt, ein Partisan, das Gewehr in der Hand: »Also, mein kleiner Held«, fragt ihn der Sohn des Gutsbesitzers, »che cosa pensi del tuo padrone?« »Non ci sono più padroni!« antwortet er und erhebt das Gewehr. Nicht länger mehr gibt es Herrn. Ein stolzer Satz: vergessen, vorbei; in den Archiven des Gedächtnisses aufbewahrt wie die anderen Hoffnungen und Erwartungen der Gerechtigkeit, der schönen Zukünfte. Wie Verdi? Diese machtvolle Gestalt – nur noch ausgestellt im Musikmuseum des neunzehnten Jahrhunderts? Ja, damals, als im *belcanto* seiner Stimmen, in den Verführungen seiner Melodien, der Rausch, der Genuß des lebendigen Gefühls gesprochen hat, zu allen, für alle, die es hören wollten, die es in ihrem Herzen bewegten, jenes bewußte Gefühl, erlöst von der Unterdrückung des eigenen Denkens, befreit zum Menschen: mündig, unabhängig.

Ist dies nur eine Reminiszenz, ein Achselzucken: unerheblich –. Ein Blick zurück auf übergroße Gesten der Gefühligkeit, übertriebene pathetische Empfindungen, auftrumpfend sentimentalische Klänge – verloren im Geflimmer des Bildschirms, der dies alles glattmacht; verschwunden im Grau der Gegenwart, in der nur Skepsis und Sex walten, durch und durch die Selbstrepräsentation der Person kalkulierend?

Die Opernbühne – lächerlich im Pomp ihrer Aufmachung, selbstgefällig in der Darstellung dramatischer Handlungen, in der Ausstellung stilisierter und verkünstelter Stimmen; erhalten lediglich zum Zweck des Schmeichelns der Eitelkeiten derer, die sie betrachten: des Publikums? Also nur ein Betrug, der geglaubt wird – eine vergoldete Pappwelt!?

Als hätte Verdi nicht gewußt, was er tat, als sei er seiner Zeit gegenüber blind gewesen. In einem seiner vielen Briefe schreibt er zu einem besonders grotesken Geschehen in seiner geplanten, dann aber nicht realisierten Oper *L'Assedio di Firenze*, sarkastisch und spöttisch wie so oft: »Natürlich kann man hier viel Kritisches einwenden. Ein derartig langes Sterben!! Und auch noch in einem Vorzimmer? Und auf einer Bahre? – Aber es kommt einzig und allein darauf an, ob die Szene wirksam wird, wenn das gelingt, werden wir auch einen Weg finden, sie logisch zu machen.«[38]

Nur das ist folgerichtig, was auch Wirkung hat. Was für eine Kenntnis des musikalischen Theaters – aber nicht nur: Worin unterscheidet es sich hierin von den Mächten der Politik oder dem Begehren der Geschlechter?

Aber was auf der Bühne geschieht, zeugt doch von einer anderen, einer fernen und für uns heute schon verstaubten Realität. Gerade die Libretti, die Verdi so oft vertont hat, strotzen nur so von Intrigen und Inzest, Rache und Duell, Gift und Haß, Wahn und Dolch, Machtgier und Erniedrigung. Wie absurd erscheinen sie und wie unwahrscheinlich – jedenfalls in Betrachtung unseres Alltagslebens –, diese dubiosen und ominösen Machenschaften. So geht es bei uns nicht zu; es ist auf jeden Fall nicht üblich. Was sollen uns nüchtern denkenden Menschen diese phantastisch geschminkten Gestalten in Kostümen und Perücken, die inmitten kostspieliger Kulissen in seltsamer Komik Bewegungen vollführen und dabei in Verstellung ihrer Stimmen diese zu höchsten Tönen treiben und dabei ihr Leid oder ihre Lust in umständlichen Dehnungen zur Artikulation bringen? Kindereien kindlich gebliebener Menschen: Künstler! Tätig immerhin in ihrer Aufgabe, Illusionsvergnügungen für den Abend der Gebildeten zu schaffen, wie das Fernsehen, wie das Kino: Scheinbefriedigung archaischer Lüste, die ja auch im Dunkeln schwelen; für das Geschäft nicht eben förderlich, wenn sie zu stark und nicht mehr kontrollierbar sein würden.

So mag es erscheinen, das Singetheater mit Orchester: oft nur harmlos und von Bedeutung keine Spur. Und doch tritt dabei etwas anderes in Erscheinung.

Auch im Sprechtheater zeigen sich die Menschen als gequälte Kreatur ihrer Verhältnisse und Umstände, die sie zum guten Leben aufgebaut und doch nicht für sich eingerichtet haben, zeigen sich in ihrer äußeren Verfassung als gesellschaftliche Wesen, die miteinander nicht auskommen, und zeigen ihre innere Verfassung: drängende Hilflosigkeit der Begierde und des Begehrens, zeigen uns die grausame Gewalttätigkeit unseres gesellschaftlichen Geschehens und das Leiden daran: und daher die Sehnsucht nach der Befreiung von Erniedrigung und Abhängigkeit, die Sehnsucht nach Zuneigung und Freundlichkeit.

Lieben wollen, leiden müssen – die Oper ist jedoch das reale Jenseits des Alltags. Die Musik überwindet diesen zwanghaften Gegensatz in seiner Unausweichlichkeit, indem sie ihn darstellt. Immer wieder. Indem sie jedem heftigen Affekt die ihm eigene Gestalt gibt, und für seine eigene Art Achtung einfordert. Davon spricht Musik; das wird durch sie eingelöst: der Vorschein des Glücks: in anrührender Würde zu sagen, das heißt es, ein Mensch zu sein. Und er kann es nur sein zusammen mit anderen Menschen. Der Zauber eines gelungenen Abends in der Oper ist es, das zu erleben, mitzuerleben: mag dabei ihre Sprache, in der sie sich äußern, peinlich, ihre Gesten überzogen, ihr Handeln unglaubhaft sein, mögen die Gefühlsereignisse, beinahe übermächtig, die Protagonisten auf der Bühne voneinander in Entfernung halten – jede musiktheatralische Komposition treibt zu dieser Erkenntnis, unnachgiebig, immer wieder, in jeder Aufführung.

»Ein einsames Feld, nachts.« Vorzustellen, zu sehen und zu hören ist die *scena e terzetto* aus Verdis Oper *Un ballo in maschera:* »Auf der Bühne Amelia mit ihrem Geliebten. Eine weitere Person nähert sich – ja: *s'appressa* –; in ihr erkennt der Geliebte seinen besten Freund, Amelia ihren Gatten.

Sie nennt ihn nicht *marito* – was zu bürgerlich klänge –,

sondern *consorte*, wie es der Librettosprache geziemt. Und der Moment, da sie ihn erkennt, wird durch einen verminderten Septakkord ausgezeichnet: Amelia verdeckt ihr Haupt mit einem Schleier, um sich dem Gatten unkenntlich zu machen.

Dieser aber kam, den Freund zu warnen, daß auf den umliegenden Hügeln im Hinterhalt lauernde Verschwörer sich anschicken, ihn zu überfallen; sie haben ihn bereits auf dem einsamen Feld in Gesellschaft einer verschleierten Frau erspäht – die selbstverständlich als *beltade* apostrophiert wird.

Der Geliebte könnte sich noch retten, wenn er sich über einen Feldweg flüchtete; doch will er die Verschleierte nicht allein mit ihrem Mann zurücklassen.

Drei angstbeklommene Seelen, jede aus anderen Gründen. Und im Hintergrund die Verschwörung. Der Genius des Komponisten, ein ›Genius des dramatischen Akzents‹ laut Busonis glücklicher Definition, siegt über die absurde Situation, die groteske Sprache, die hinkende Syntax, das Pathos des Formelstils.«[39]

Das Melodische triumphiert über die intrigante Politik, die immer wieder nur mit den Mitteln der Gewalt ihre Ziele verwirklichen will und daher zerstört, was sie doch erreichen will: friedvolle Zustände. So will sie dasselbe wie die Liebe, die nur die Einheit der Geliebten und der Freunde kennt. Und doch zerbricht die Politik die Liebe, weil sie die Macht nicht lassen will. Nur die Musik läßt diesen zweifachen Wunsch nicht scheitern – sie erhält ihn, gegen allen Zwang der Realität, sie macht ihn als Täuschung offenkundig, und doch besteht der Wunsch, weil wir an die Illusion glauben können. Hören Sie, *wie* Amelia singt.

Das ist die Musik der Oper von Anfang an: Orpheus, der seine geliebte Frau verliert, und in seiner Klage eine Kunstgattung begründet, in seiner Trauer um die verlorene

Einheit des Paares die Oper entstehen läßt, die in ihrem Schmerzensgesang fortwährend von der Erinnerung an dieses Einssein spricht und es deshalb weiterträgt, mit jeder Aufführung an jedem Abend.

Und diese Bindekraft des Erotischen meint zugleich die Kraft einer Politik, die Machtgier und Entrechtung der Bürger überwunden hat.

Das hat Verdi ganz und gar nicht allgemein gedacht, sondern es war ihm praktisch bewußt, es war die Politik seiner Kompositionen, und daher echt in seiner Zuneigung zu seinem Land: Italien.

In wie vielen seiner Briefe hat er seinen Zorn und seine Erbitterung über die elende Zerrissenheit, die herrschte, notiert: »Die Zustände in unserem Land sind trostlos! Italien ist nur noch ein großes und schönes Gefängnis! Wenn Ihr diesen so heiteren Himmel, dieses so milde Klima, dieses Meer, diese Berge, diese so schöne Stadt sähet! Ein Paradies für das Auge; eine Hölle für das Herz.«[40]

Und korrespondierend dazu – wie hätte er es vergessen können – ihr Ebenbild in der Kunst: »Die Zustände im Theater sind trostlos; das Unternehmen steht vor dem Ruin! Ich für meinen Teil bin keineswegs unzufrieden darüber, denn ich wünsche nichts, als mich in einem Winkel der Erde zurückzuziehen und zu fluchen und zu verwünschen!«[41] Das ist Hohn, der in sich bittere Verzweiflung versteckt hat. Denn beides nur zusammen ergibt ein Ganzes: das eine, seine patriotische Zuneigung, kann nicht ohne das andere, die heftige Leidenschaft für das musikalische Drama sein.

Dieser Enthusiasmus entstand, als Verdi die Träume des einigen Italiens ganz in seine Vorstellungswelt aufnahm. »Es war jene Zeit, in der zahlreiche Geheimgesellschaften aufkamen, die sich gegen die österreichische Unterjochung verschworen.«[42] Damals regierte das Habsburger Reich auch den italienischen Norden. »Und wie viele Komplotte sehen wir in Verdis Opern! Verdi ist der wahre Sohn des Risorgimento. Die Ideale, die er in seiner Jugend einsog und sich zu eigen machte, beeinflussen sein ganzes Leben. Denken wir einen Moment an *Otello*: 1887. Seit dreißig Jahren war Österreich aus der Lombardei verjagt; Italien hatte seine Einheit erlangt. Und immer noch sang Verdi, ein Greis schon, mit jenem Schwung der Erhebung, der seine Jugend bestimmt hatte.

Man erinnere sich des Chores, der mitten im Sturm am Strand Zyperns erklingt: ›Salva l'arca e la bandiera della veneta fortuna!‹ *[Rette uns das Schiff des Feldherrn, rette Glück und Heil Venedigs!]*

Es gibt in der Geschichte der italienischen Musik keine andere Periode, die sich mit der des *melodramma* vergleichen ließe: niemals, weder zuvor noch danach, stand das Volk in so tiefem, so entschiedenem Einklang mit dem Komponisten. Etwas nicht allzu Unähnliches war Jahrhunderte früher auf dem Feld der Malerei geschehen. Wir alle haben gelesen, wie das Volk einst niederkniete, wenn ein Maler seine fertigen Altartafeln in die Kirche brachte. Ich wage nicht zu glauben, daß wirklich alle aus künstlerischem Verständnis niederknieten: das Volk kniete wohl, weil die Mutter Gottes die Kirche betrat.

Ebenso geriet im 19. Jahrhundert das Volk angesichts von Verschwörungs- und Verschwörerszenen in Frohlocken, Ergriffenheit und Extase, weil es darin seine eigenen Gefühle sublimiert wiedererkennen konnte – und auch weil vom schließlichen Ausgang solcher Verschwörungen praktisch sein Schicksal abhing.«[43]

Die Opern Verdis, seine Melodramen, sind das Epos dieser Erschütterung, dieses Aufruhrs der Wünsche, des Wunschs, zu sich selbst zu kommen.

Giuseppe Verdi war ein politischer Künstler – was für ein Wort für uns heute. Wir verachten es, weil es nicht einmal ein Klischee mehr zutreffend bezeichnet. Aber Politik, politisch sein heißt – nicht nur, aber eben auch für Verdi –, sich seiner Zeit aufs genaueste bewußt zu sein, sie in ihren Bewegungen erspüren, sie auf der Haut fühlen, an ihr leiden, ihretwegen Schmerz empfinden, mit ihr und durch sie zu leben, an ihr innigsten Anteil zu haben, und eben deshalb, nur deshalb ein Künstler, ein Musiker sein zu können, einer, der aus der eigenen Zeit die ihr eigenen Töne heraushört, hört, was sie schreit und flüstert, um was sie ruft und bittet – das Bewußtsein der eigenen Zeit vernehmen können: dies zu können, zu vermögen, und eben deshalb sie in Töne zu verwandeln, und in den Klängen ihr ihre eigene Sprache zu geben: das ist, was Verdi wollte, weil er erfahren hatte, daß sein Leben das ist: der Zeit im Werk Gestalt geben.

»Stell Dir vor«, so schreibt Verdi am 21. April 1848 aus Mailand an seinen Librettisten Francesco Maria Piave, »ob ich in Paris bleiben konnte, als ich von einem Aufstand in Mailand hörte. Ich bin sofort von dort abgereist, als ich die Nachricht hörte, ich habe aber nur die erstaunlichen Barrikaden sehen können. Ehre diesen Tapferen! Ehre ganz Italien, das in diesem Augenblick wahrhaft groß ist!

Die Stunde seiner Befreiung hat geschlagen, dessen sei nur gewiß. Das Volk will sie; und wenn das Volk will, dann gibt es keine absolute Macht, die ihm widerstehen könnte.

Sie können anstellen, sie können sich bemühen, soviel sie wollen – diejenigen, die mit aller Gewalt unersetzlich sein möchten –, es wird ihnen dennoch nicht gelingen, das Volk seiner Rechte zu berauben. Ja, ja, noch wenige Jahre, vielleicht wenige Monate, und Italien wird frei, eins, republikanisch sein. Was sollte es sonst sein?

Du sprichst mir von Musik!! Was ist in Dich gefahren? ... Glaubst Du, ich will mich jetzt mit Musik, mit Tönen befassen? ... Es gibt und es darf nur eine den Ohren der Italiener von 1848 angenehme Musik geben: Die Musik der Kanonen! ... Für alles Gold der Welt würde ich keine einzige Note schreiben, und ich würde heftige Gewissensbisse haben, wenn ich Notenpapier vergeudete, das sich so gut zum Kartuschenmachen eignet. Bravo, mein Piave, bravo allen Venezianern, verjagt jeden lokalen Gedanken, reichen wir uns alle die brüderliche Hand, und Italien wird wieder die erste Nation der Welt werden!«[44]

Bei aller Großartigkeit seiner Wünsche – was für ein jammervolles drückendes Unglück mußte damals walten, daß eine solche Sehnsucht als starke Gegenkraft entstand! Die Musik der Kanonen – nicht diese Töne, sondern andere waren anzustimmen, das wußte Verdi nur zu genau! Aber welcher Jubel in diesem tiefen Stoßseufzer, es möge sich die Qual der Zustände endlich wenden. »Wenn Du mich jetzt sehen könntest, Du würdest mich nicht wiedererkennen. Ich ziehe nicht mehr jenes Gesicht, vor dem Dir grauste! Ich bin trunken vor Freude!«[45]

Voller Hoffnung und doch Realist – Verdi täuschte sich aber selber nicht, er kannte den Zwang, seine Lebensstellung und seine gegenseitigen Beziehungen zu den anderen Menschen, seine Arbeit also, mit nüchternen Augen anzusehen. »Ich muß Verbindlichkeiten und Geschäfte halber wieder nach Frankreich. Stell Dir vor, außer dem Verdruß, zwei Opern schreiben zu müssen, habe ich dort verschiedene Gelder einzutreiben und viele andere in Kreditanweisungen einzulösen.

Ich habe dort alles im Stich gelassen, aber ich kann eine für mich so bedeutende Summe nicht abschreiben, und meine Anwesenheit wird vonnöten sein, um bei der derzeitigen Krise wenigstens einen Teil davon zu retten. Im übrigen mag da kommen, was will, ich mache mir keine Sorgen deswegen.«[46]

Die Aufstände von 1847 in Mailand und Venedig: Alpträume, Zusammenbrüche. Immer noch und immer wieder siegte die europäische Zentralmacht Österreich. Die günstige Gelegenheit hatte nicht eine Chance. Das Alte, gewöhnlich, gewohnheitsmächtig, blieb, hart, unerbittlich, und nichts war gewendet zum Guten: zunächst; und deshalb hieß es, weiterhin und weithin, Flaschenposten präparieren und verschicken.

»Ich weiß nicht, ob Du weißt, daß ich seit über einem Monat in Paris bin, und ich weiß nicht, wie lange ich in diesem *Chaos* bleiben werde. Hast Du von der letzten Revolution gehört? Wieviel Grauen, mein lieber Piave! Und der Himmel wolle, daß alles zu Ende gehe! Und Italien? Armes Land!!! Ich lese und lese immer wieder die Zeitungen, stets in der Hoffnung auf eine gute Meldung, doch... Und Du, warum schreibst Du mir nie? Mir scheint, daß dies die wahren Augenblicke sein müssen, in denen sich die Freunde ihrer Freunde erinnern.

Inmitten dieser Unruhen in der Welt steht mir weder der Sinn danach noch habe ich Lust, mich mit meinen Dingen zu beschäftigen (es kommt mir sogar lächerlich vor, mich mit... Musik zu beschäftigen), dennoch bin ich gezwungen, daran zu denken und allen Ernstes daran zu denken. Sag mir also, wenn ich Dir vorschlagen würde, mir ein Libretto zu schreiben, würdest Du es tun?

Der Stoff müßte italienisch und freiheitlich sein, und falls Du nichts Besseres findest, schlage ich Dir Ferruccio vor, eine gigantische Persönlichkeit, einen der größten Märtyrer für die Freiheit Italiens. *L'assedio di Firenze* von Guerrazzi könnte Dir großartige Szenen liefern, aber ich möchte, daß Du Dich streng an die Historie hältst. Hauptpersonen könnten meines Erachtens sein: Ferruccio, Lodovico Martelli, Maria Benintendi, Badini Giovanni.

Diese müßten die Hauptpartien sein, aber Du könntest so viele Nebenrollen hinzufügen, wie Du möchtest, und einen erhabenen und grandiosen Stoff machen. Du könntest Malatesta, den Verräter, einsetzen (es wäre sogar erforderlich), Dante da Castiglione etc. Ich möchte die Pfaffen beziehungsweise den Senat von Florenz auf der Bühne haben, und ich möchte, daß Clemens VII. gehörig eins ausgewischt würde, ohne ihn jedoch auftreten zu lassen. Was meinst Du? Wenn Du das für einen guten Stoff hältst, dann mache mir ein Exposé und schick es mir. Denke daran, daß ich ein mit großen Zwischenräumen geschriebenes Exposé liebe, weil ich meine Anmerkungen machen muß, nicht etwa, weil ich mich für fähig halte, eine solche Arbeit zu beurteilen, sondern weil es unmöglich ist, daß ich gute Musik mache, wenn ich das Drama nicht richtig verstanden habe und nicht davon überzeugt bin. Gib gut darauf acht, Monotonie zu vermeiden. Bei den von Natur aus traurigen Stoffen macht man letztlich, wenn man nicht ganz vorsichtig ist, eine Leichenfeier daraus, wie beispielsweise die *Foscari*, die vom Anfang bis zum Ende zu monoton, zu eintönig gefärbt sind. Addio, addio! Hoffen wir auf fröhlichere Zeiten.«[47]

Braucht man, brauchen wir in Zeiten der Befreiung schöne Musik auf der Bühne oder nicht doch eher auf der Straße – wo sich die Revolutionäre an ihrem eigenen Gesang begeistern können? Ist es denn in der Tat fragwürdig, in solchen Zeiten frohe Töne zu erfinden? – Wer kann das wissen?

Ich weiß nur, Tagträume gehören auf die Bretter, sie weisen voraus auf das, was kommen wird. Dort, nur dort, werden sie sichtbar, hörbar: lebendig. Vermutlich ist auch die Revolution wie andere Ereignisse im Leben nur eine Frage eines gelungenen Librettos; nur durch dieses wird ein Drama zu guter Musik. Taugt dieses nicht, kommen auch nur klägliche Ergebnisse zustande.

Und wenn der geheime Zweck geschichtlich gesellschaftlicher Geschehnisse genau darauf ginge? Zu prüfen, ob ein Stoff sich für eine italienische und freiheitliche Darstellung eignet, aber nicht in Eintönigkeit verschwindet, sondern Polyphonie hergibt? Denn auch wenn die Umstände des gerade herrschenden Alltags nicht so sind, wie es zu wünschen wäre – welche Macht haben sie außer der einen: der Macht der Monotonie? Vieltönigkeit und Klangreichtum überwinden sie: Das heitere Vergnügen, andere Zeiten zu erwarten, nicht resignierend, sondern neugierig: Was wird denn morgen anders sein?

»Die Wirklichkeit nachahmen, kann eine gute Sache sein; aber die Wirklichkeit erfinden ist besser, viel besser.

Es scheint ein Widerspruch in diesen drei Worten – *die Wirklichkeit erfinden* – zu sein, aber fragt Papa [d. i. Shakespeare]. Möglich, daß er, der Papa, einigen Falstaffs begegnet ist, aber nur schwerlich wird er einem so ruchlosen Ruchlosen wie Jago begegnet sein, und nie und nimmer solchen Engeln wie Cordelia, Imogenie, Desdemona etc. etc., dennoch sind sie so wirklich!

Die Wirklichkeit nachahmen ist eine gute Sache, aber es ist Photographie, nicht Malerei.«[48]

Deshalb hat Verdi die Anstrengungen seiner kompositorischen Arbeit auf sich genommen, nur deshalb: um in den lebendigen Bildern, in denen Töne und Worte sich zu Lust und Freude verbinden, diese wirklichen Frauengestalten zu zeigen, als Ausdruck seiner Zeit, für das entzückende und erschütternde Erleben des Publikums, jenes eigentümlich verlockenden und zu verführenden Körpers, von dem jeder, der im Zuschauerraum Platz genommen hat, ein Teil geworden ist. »Es ist etwas mehr in der Musik … es ist die Musik! … Das Publikum soll sich nicht um die Mittel kümmern, deren sich der Künstler bedient! … Es soll keine Vorurteile gegen Schulen haben … wenn es schön ist, soll es applaudieren. Wenn es häßlich ist, soll es pfeifen! … Das ist alles. Die Musik ist universell. Die Dummköpfe und die Pedanten haben Schulen, Systeme finden und erfinden wollen!!! Ich möchte, daß das Publikum von hoher Warte urteilt, nicht aus der elenden Sicht der Journalisten, der Komponisten und Klavierspieler, sondern nach seinen Eindrücken!...

Versteht Ihr?? Eindrücke, Eindrücke und nichts anderes.«[49]

Und wozu? Eindrücke, erzeugt durch *brevita, effetto, verve, fuoco*: hinein in die Gefühle der Menschen da unten im dunklen Raum, derart die Verbindung mit den Handlungen vor ihren Augen und Ohren erschaffend, damit jeder sieht, damit jeder hört, das da sind auch die eigenen Phantasien: Rache, Haß, Verrat, Intrigen, Inzest, Mord: die Dramaturgie der Politik als Leidenschaft – und zugleich die Dramaturgie der Leidenschaften als Politik: Angst, Bedrohung, Verzweiflung, Zerrissenheit; diese überwunden in Liebe und Glück, im Frieden, der in Erfüllung der Begierden machtvoll wird: so, nur so entsteht die Einheit von Musik und Publikum, ein schöner, ein genußvoller Traum: die Einheit von Liebe und Politik als geglückter Geselligkeit, sie leuchtet, tönt, sie währt einen Moment, ein Weile – wer weiß es, solange eine Aufführung dauert, andauern kann.

Dafür ist Verdi mit seinem Leben eingestanden. Es gab für ihn nur eine Göttin, das Werk, das am Abend wahrgenommen wird. »No no, lasci andare il gran musicista, io sono un uomo di teatro!«[50] Ein großer Komponist – sei's drum, ich bin ein Theatermann.

Verdi brauchte keine feierliche Verehrung, er hat gewußt: die Partitur ist nicht mehr als eine Geographie der Töne. Die Klänge aber müssen atmen können. Und deshalb müssen die Sänger, die Dirigenten, die Musiker wissen, was sie tun sollen. Darum hat er mit ihnen gekämpft: daß seine Ideen im Spielen wirklich werden, daß jede Note, hervorgebracht durch die Stimme, durch ein Instrument, konkret wird, plastisch, ins Jetzt transzendiert: daß in jeder Note ihr Diesseits da ist, der Moment, in dem sie in die Welt eintritt, dort lebendig ihre eigene Zeit hat und vergeht, und sich deshalb Musik glaubwürdig ereignen kann. In dieser Arbeit war er unnachgiebig.

Zu *Macbeth*, so berichtet die Sängerin Nini-Barbieri, und die Erinnerung läßt sie vor der Macht des komponierenden Praktikers noch einmal bewundernd erschaudern, wurden mehr als hundert Klavier- und Orchesterproben abgehalten. Verdi gab sich niemals zufrieden und verlangte von den Sängern eine derartige Intensität und Konzentration auf die Darstellung ihrer Partien, daß deren Sympathien für ihn schwanden. Sie fanden seine Anforderungen übertrieben und über sein wortkarges Verhalten ärgerten sie sich. »Morgens und abends, wenn der Maestro zur Probe kam, forschten auf der Bühne und in den Probesälen alle Blicke in seinem Gesicht, ob er wieder eine Tortur für uns mitbringe. Kam er mit einem freundlichen Lächeln herein, so war es so gut wie gewiß, daß er heute eine endlose Überstundenprobe begehren werde ... Niemand wird es glauben, daß die Nachtwandelszene allein mehr als drei Monate Proben brauchte. Drei Monate lang suchte ich früh und abends einen Menschen darzustellen, der aus dem Schlaf spricht, der, wie der Maestro es wollte, Worte hervorbringt, ohne die Lippen zu bewegen. Die Augen geschlossen, das ganze Antlitz maskenstarr ... Oft war das zum Verrücktwerden ... Das Duett mit dem Bariton wurde, man wird mir nicht glauben, hundertundfünfzigmal probiert. Verdi wollte es erzwingen, daß die Musik in unserem Munde mehr gesprochen als gesungen klänge. Nun, auch das ging vorüber! Am Abend der Generalprobe versteifte Verdi sich darauf, daß alles im Kostüm singen müsse, etwas bis dahin ganz Unerhörtes. Und gegen seinen Willen gab es nie und nirgends einen Widerspruch. Wir waren endlich alle angekleidet, die Bühne war bereit, das Orchester wartete schon mit gestimmten Instrumenten, als Verdi plötzlich mich und Varese mit einem Wink zu sich in die Kulisse rief und uns bat, wir möchten ihm den Gefallen tun, im Probesaal dieses gottverdammte Duett noch einmal mit ihm durchzunehmen. Ich erinnere mich noch genau des finsteren Blickes, den Varese Verdi zuwarf, als er den Probesaal betrat, die Hand fest um den Schwertknauf, als wolle er den Maestro niederstoßen wie den König Duncan. Trotzdem beugte auch er sich und die hunderteinundfünfzigste Probe fand statt, während das ungeduldige Publikum schon im Hause tobte. Wer aber nicht mehr sagte, als daß dieses Duett Begeisterung erweckt habe, der würde gar nichts sagen. Denn etwas Unerhörtes, etwas ganz Neues, etwas Nie-Erlebtes war das...«[51]

Es erschienen wirkliche, lebendige Menschen – nur der Phantasie entsprungen, aber von den Verrätselungen alltäglichen geschäftigen Tuns befreit; dieses unermüdliche, sich immer wiederholende Machen, das doch nur dazu dient, daß eine Maskierung, ein Kostüm das nackte Gesicht und den bloßen Leib umschlingt: *Das* bin ich? *Das* bin ich nicht – das ewige Spiel konventioneller Rollenattitüden. Und auf der Bühne: In allem historischen Plunder, der am Körper herumgetragen wird, in allem Kulissenzauber tritt das eine hervor: Seht her: *So* bin ich, *so*! Einzigartig, einmalig, unverwechselbar, erfunden im Augenblick der Kunst.

Der Ort für diese Lust war das Teatro alla Scala, der Ort, an dem Giuseppe Verdi die meisten seiner Opern zur Uraufführung gebracht hat; ein Bau, befohlen von Maria Teresia, Kaiserin von Österreich, um ihre unruhigen italienischen Untertanen zu besänftigen durch die schönen Künste, ungleich aber der vielen anderen Opernhäuser, die dem Geschmack der Fürsten beigeordnet waren, ein Hoftheater ohne Hof: ein Ort, an dem die Reichen und die Armen, die Bürger und die Edelleute des Autokraten froh entbehrten, ein Ort, an dem 1811 – als Stendhal dort war, und darüber genußvoll berichtete – selbstverständlich war, was auch heute üblich ist: »Die Scala ist der Salon Mailands; alle Geselligkeit spielt sich hier ab; kein Haus steht dem Verkehr offen (die Mailänder laden nie zum Diner ein; sie haben noch spanische Vorstellungen von dem Luxus, den man bei solchen Gelegenheiten entfalten muß). ›Auf Wiedersehen in der Scala‹, sagt man bei allen möglichen Geschäften. Der erste Anblick ist berauschend... Man begrüßt sich quer durchs Theater von einer Loge zur anderen. Ich werde in fünf oder sechs Logen vorgestellt; in jeder finde ich etwa fünf oder sechs Personen und eine Unterhaltung wie im Salon. Die Manieren sind sehr natürlich, alles atmet sanften Frohsinn; nichts Steifes und Ernstes. Der Grad der Verzückung, den unsere Seele erreicht, ist das einzige Thermometer der musikalischen Schönheit...

Nur die Musik lebt noch in Italien; und die Liebe ist die einzige Beschäftigung, die es in diesem schönen Lande gibt. Die anderen Seelenfreuden sind eingeschränkt; und wer Bürgersinn hat, stirbt an Schwermut. Das Mißtrauen erstickt die Freundschaft; dagegen ist die Liebe hier köstlich; in anderen Ländern hat man nur einen Abklatsch davon.

Ich verlasse eine Loge, wo man mich einer stattlichen Frau von schöner Gestalt vorgestellt hat, die ich auf zweiunddreißig Jahre schätze. Sie ist noch schön, von jener Art Schönheit, die man nördlich der Alpen nie findet.«[52]

Die glühenden, leuchtenden, entflammenden Klänge, die die Seelen dazu verlocken, zu fühlen, wer zu ihnen spricht: die Frauen, die Männer, die ihre Leidenschaften entdecken im Glanz und rauschenden Getöse der Ereignisse vor ihren Augen und Ohren, von ihnen sich verführen lassen, sich gegenseitig zu verführen, und deshalb eins sind in der Politik des Begehrens als wahrem Handlungsgrund ihres Tuns, und die im Empfinden der Stimmen der singenden Menschen atmen – die Stimme der Frau, klagend, jauchzend, jubilierend, schmerzerfüllt und wirkend so tief; so tief hinein in den innersten Menschen, in seine

Sehnsucht, Träume, da hinein, wo nur er spricht, leise, noch leiser, ein unüberhörbares Hauchen: hier bin ich, die Liebe; jenes Ding, vielgestaltig, unfaßbar, da und nicht da, im Lächeln, im Lachen, lebendig, leicht; jenes stärkste aller Gefühle, in seiner Freude, in seiner Hoffnung, in seinem Genuß. Und dies in der Darstellung: es endlich zu erleben, zu spüren im Hören, Sehen, Fühlen von ferne, auf der Bühne, weit weg und doch ganz nah: wie es nachgesprochen, nachgeahmt, nachempfunden wird, daß es anwesend ist, daß es dieses einzigartige Gefühl gibt für den, der da sitzt, bereit für das Bündnis mit der klanglichen Kraft, gegen die Macht des Gewöhnlichen, der Gewohnheiten, in denen es so oft verstummt, verstimmt, verschwiegen wird. Verzweifelt in jenem kleinen Ich, das regiert wird von der Trägheit des Geistes, der das Alltägliche zusammenhält in langsamer und heftiger Bewegung, der Bewegung, die aufgenommen ist in der Betonung, im Tempo, in der Intensität des musikalischen Verlaufs. Diese Bewegung, die überwunden wird und in die wirkliche Bewegung der Kunst mündet: Atmen der Seele, Sprache des Herzens, anrührend, anziehend, verlockend, kindlich: Rhythmus der Sinne in der Zeit.

Und wozu? Wozu diese Ausführungen, diese Ausschweifung in das Leben der Oper? Preisungen eines anachronistisch geldverschwendenden luxuriösen Kulturbetriebs! Überflüssig wie der Überfluß und also in der Zeit der kulturellen Not nichtsnutzig?! Geraune eines Enthusiasten, zugehörig der Geschichte des 19. Jahrhunderts – Ja! Es ist eine Geschichte, eine Entdeckung des 19. Jahrhunderts, überliefert in der Praxis der musikalischen Aufführung. In der Oper ist die Idee der Brüderlichkeit verwirklicht: der Andere, das bin ich.

Dieser musikalischen Erkenntnis hat Verdi zur Wirklichkeit verholfen. Sie galt nun. Seitdem ist sie denen, die sich das Musizieren zur Lebensaufgabe machen, gegenwärtig.

Ich, der Schreibende, sage, Verdi betrachtend, daß das, was ich hier notiere, ein Reden über die Arbeit der Dirigenten ist. In jeder Beziehung. In dieser Tradition atmen sie.

Verdi selber wußte das. »Über die Scala« – jener Ort seiner Triumphe, seiner Niederlagen, jener geheime Ort, an dem die Musik zu ihren eigenen Worten kommt –, »über die Scala kann ich Euch nur meine alten Ansichten wiederholen, bescheidene Ansichten, aber vielleicht nützliche und meines Erachtens aufgrund der derzeitigen Umstände mögliche Ansichten. Wenn Toscanini nicht erfahren ist, die anderen sind es noch viel weniger. In Kürze die Wiederaufführung des *Falstaff* [unter Toscanini am 11. März 1899 in Mailand]. Alles steht dem entgegen. Der Falstaff mag gut sein (vielleicht), aber Alice nicht... und merkt Euch, daß die Hauptfigur des *Falstaff* nicht Falstaff ist, sondern Alice.«[53] An der Schwelle des neuen Jahrhunderts – die ewigen Sorgen der musikalischen Praxis. Hört man nicht die feste Stimme des Alten, 86jährigen, sarkastisch, ironisch, leidenschaftlich, besorgt, ob sein Werk verstanden wird in der Huldigung an die kluge Frau und dadurch gut weitergetragen: in der Kritik an dem Können der Sänger, in der Kritik am Spielbetrieb, in der Einschätzung von Dirigenten, den zweiunddreißigjährigen Toscanini im Rang genau charakterisierend? Ist nicht auch ein Unterton zu hören, eine Hoffnung, es sei sein Lebenswerk vielleicht doch gelungen?

Das Teatro alla Scala

CLAUDIO ABBADO: Als ich in Mailand an der Scala meine Arbeit aufnahm, in der Stadt, die heute so laut geworden ist und zuviel Müll erzeugt –

FRITHJOF HAGER: »Mailand war eine Stadt, die immer und ewig nur unter ferner liefen gezeigt wurde, ein wenig peripher, auch der Dom war peripher; es war eine Stadt mittleren Alters, nicht richtig neu, aber mit einem Anflug von Beleibtheit, Zeichen eines nicht zur Schau gestellten, aber tröstlichen Wohlstands... es war keine lustige Stadt, und es kam vor, daß man zu einem Schwatz in den Milchladen ging, ich kannte Leute, denen es in dem Milchladen gelang, hochfliegend-heftige Leidenschaften zu entfachen.«[54]

CLAUDIO ABBADO: Solche Mailänder kennt nicht nur Magnanelli – aber es gibt dort nicht nur die kleinen Läden und das viele Geld, es gibt diesen Ort, der ohne die Intensität der Gefühle nicht sein kann: die Oper – dort habe ich, als ich 1968 anfing, zuerst und nicht zum ersten Mal über die Situation der musikalischen Kultur, wie sie bestand, nachgedacht. Das Übliche wurde von den Dirigenten und dem Orchester angeboten, oft auf hohem Niveau – es reichte aber nicht aus. Was bekannt ist, ist oft allzu bekannt; die Tradition läuft leer, wenn sie nicht mit der Moderne verbunden wird, wenn nicht Entwicklungen sichtbar werden.

Ich habe also überlegt: Wer kennt was nicht – das versuchte ich auch in meiner Arbeit in London und Wien herauszufinden und genauso in Berlin: Welches Publikum kennt welche Musik noch nicht? Welche Musik können wir, das Publikum und das Orchester, Intendant, Dirigent, Regisseur, Sänger und Solisten zusammen neu entdecken? Das war und ist die Frage, und Konzert- und Opernprogramme sollen sie beantworten können.

Wissen Sie, wieviel man damals in Italien für die Musik-erziehung getan hat? Die Vorbereitung der Kinder für das musikalische Leben war dürftig! In den Schulen und Kon-servatorien reichte der Unterricht bis Bartók; als hätte nach ihm keiner mehr Musik geschrieben – ein großer Feh-ler.

In den sechziger Jahren gingen Luigi Nono und Luigi Pe-stalozza von Stadt zu Stadt und spielten z. B. in Genua, Mestre, Reggio Emilia und Triest, denen, die das Geld für teure Eintrittskarten nicht aufbringen und sich auch sonst nicht mehr als das Notwendigste leisten konnten, auf ei-nem Tonband klassische und Musik der Gegenwart vor. Sie diskutierten mit ihnen über eine demokratische Kultur, die auch ihre Erfahrungen und Interessen einschließen würde.

Diese Initiativen gingen unserer Idee voraus. Ich habe noch den Frühlingsabend vor Augen, als wir uns in Pollinis Mailänder Wohnung trafen: mit Nono, Manzoni, Genti-lucci, Fellegara, Santi und Pestalozza, um einen neuen An-fang zu machen. Das war 1972.

Die Mittel, die man heute überall verwendet, probierten wir damals aus. Wir schrieben Konzepte, entwarfen Ar-beitspläne, konnten Politiker wie den Bürgermeister von Reggio Emilia zur Mitarbeit gewinnen, befragten die Ar-beiter der Stadt nach ihren musikalischen Vorstellungen. So sind die Workshops der Musica Realtà entstanden, diese Mischungen von Avantgarde- und Konsummusik, Gesprächskonzerten und Vorträgen. Die Organisation übernahmen die Gewerkschaften und die KPI, die an den Arbeitsplätzen für die Veranstaltungen warben. Diejeni-gen, die bislang dem offiziellen Kulturbetrieb ferngeblie-ben waren, kamen jeden Sommer für einige Wochen: Ju-gendliche, Studenten, Arbeiter, kleine Angestellte. Können Sie sich das vorstellen: Viele von ihnen hatten noch nie be-wußt klassische Musik gehört, viele von ihnen waren noch nie in einem Konzert. Mit einem Musiker reden – das gab es gar nicht. Ein wenig hat sich das inzwischen geändert, durch das Fernsehen vor allem.

Aber was für eine Neugier dieses neue Publikum zeigte, und was für ein Gespür!

Ich erinnere mich an ein Konzert, in dem wir, zusammen mit Maurizio Pollini und Slavka Taskowa, nach Beethovens *Geschöpfen des Prometheus* diesen Zuhörern *Come una ola di fuerza y luz* von Nono vorstellten. Es gab heftige Diskussionen, beide Kompositionen waren für sie völlig ungewohnt und für sie eine Erfahrung wie eine neue Sprache sprechen lernen.

FRITHJOF HAGER: Ein Werk von Nono, das in vier Teilen die Trauer auf den Unfalltod seines chilenischen Freundes und Leiters der M. I. R., einer Organisation der revolutionären Linken, darstellt. »Die Anrufung und Klage der Singstimme und verschiedenartiger Frauenchöre vom Tonband zusammen mit dem Orchester bilden einen ersten Teil. Gegen diesen werden das Klavier und das blockartige Orchester in Form heftiger Kämpfe und Auseinandersetzungen in meist tiefer Lage, Lucianos Gegenwart in Abwesenheit verkörpernd, gestellt. Der genau in der Mitte des Werkes einsetzende dritte Teil ist ein ›langer Marsch‹, der bis zum schrillen Pfeifen von vier Piccolo-Pfeifen ansteigt. Allerdings kein Marsch mit siegessicheren Schritten, vielmehr eine Überlagerung unterschiedlicher Bewegungen, gegen die sich die Musik durchsetzen muß, und bis zum Ende bleiben Widersprüche erhalten. Der ›lange Marsch‹ führt im abschließenden vierten Teil zu einer kollektiven Explosion in der Gewißheit der Anwesenheit von Luciano Cruz – aber zu keinem triumphalen Ende: vom Tonband erklingen sich verlierende Wellen von Vokalklängen.«[55]

Man hat damals Protokolle angefertigt. Die Musik von Nono, so äußerte sich einer der Beteiligten, »hielt mich in Spannung und ließ mich eine Art Wut fühlen, wie sie mich nach 6 bis 7 Stunden Arbeit anfällt, wenn mich die Lust packt, die Maschinen mit Füßen zu treten, aber auch, unsere Probleme zu diskutieren«. Ein anderer: »Ich finde, daß die Sprache Beethovens sehr fein ziseliert ist und tiefe Gefühle ausdrückt; die Sprache von Nono vermittelte mir auch durch die reinen Klänge das Gefühl, Schmerz zu empfinden.« Ein dritter: »Die Musik von Nono dringt selbst in die Arbeiter hinein, die schon an den Lärm der Fabrik angepaßt sind.«[56]

CLAUDIO ABBADO: Könnten diese Äußerungen nicht doch dafür sprechen, daß ein Publikum moderne Musik sehr gut einzuschätzen weiß? Es kommt darauf an, welche Qualität zu hören ist; weil oft – auch heute – schlecht gespielt wird, werden Aufführungen mit moderner Musik nicht gut besucht.

FRITHJOF HAGER: Gilt das nicht auch umgekehrt? Vor allem beim bekannten Repertoire: Die Konzerte und Opern sind gut besucht, aber es wird nicht gut gespielt?

CLAUDIO ABBADO: Das war das Elend des Teatro alla Scala; als ich anfing, erschien es mir versteinert, wie ein Musikmuseum.

FRITHJOF HAGER: »Eine Bank in der Kirche, eine Loge in der Scala, ein Grab auf dem Monumentale«[57] – diese alten und sehr beständigen Prestigeträume der adligen und großbürgerlichen Familien von Mailand.

CLAUDIO ABBADO: Das konnte nicht so bleiben.

FRITHJOF HAGER: »Zu bekannt sind die Protestaktionen von Capanna im Jahre 1968, um an den roten Lack und die Eier (frische, nicht faule, wie der Leader der Studentenbewegung später präzisiert) auf den Abendkleidern zu erinnern, die jedenfalls die Flucht der aristokratischen und reaktionären Familien (die auch ganz gegen die Verwaltung des Sozialisten Grassi und gegen die Konzerte am 25. April [Tag der Befreiung] eingestellt sind), die massive Verbürgerlichung der Scala und, ein paar Jahre lang, das

Ende der Zurschaustellung von Luxus verursachen.«[58] »Nicht mehr große Abendtoiletten, Perlencolliers und der Frack, sondern unauffälliges Grau beherrschte die Szene.«[59]

CLAUDIO ABBADO: »Bürgerlich« – warum nicht? Was ist schlecht daran, auch die anderen Bürger eines Landes für diese Kunst zu gewinnen? Und nicht immer wieder dieselben?

FRITHJOF HAGER: An der Scala haben Sie zusammen mit Paolo Grassi und Massimo Bogianchino dafür viel, sehr viel getan. Das hieß doch, einige Tücken überwinden im Mailänder Machtgefüge und sich verständlich machen in der öffentlichen Musikkritik.

Sie hätten, so schrieb damals Joachim Kaiser, der Kunst, die schließlich durch Steuergelder und Subventionen überhaupt erst zu Höchstleistungen gebracht wird, eine Sozialverpflichtung unterstellt. Weil, so sagte ihm Grassi, die Scala das italienische Volk viel Geld koste, müsse sie dem Volk auch offenstehen. Für bestimmte Aufführungen verteilten Komitees die Karten, unterstützt von den Gewerkschaften, 370 Fabriken berücksichtigend. »Immerhin«, so erkennt Kaiser an, »hat Pollini am 27. Oktober und 22. Dezember 1975 dieses Publikum mit den drei letzten Schubert-Sonaten bekannt gemacht; immerhin wird Pollini am 19. Januar und 2. Februar 1976 vor diesem Publikum Beethovens *Diabelli-Variationen*, Webern und Stockhausen spielen.« Immerhin habe bereits eine der ersten *Macbeth*-Aufführungen in Höchstbesetzung als »Spettacolo per lavoratori« stattgefunden. Also handele es sich in Mailand keineswegs um Inszenierungen, die ausschließlich für Arbeiter oder Studierende oder Schüler produziert werden, und es handele sich auch nicht um Kunst zweiter oder nur harmloserer Klasse – es sei eben kein Recklinghausen mit anderen Mitteln. Es sei das Beste, was zu geben war.

Kaiser war bei einer dieser Aufführungen dabei: »Claudio Abbado, der sich in jeder Pause verbeugte und dem Publikum zu verstehen gab, wie sehr ihm gerade diese Aufführung am Herzen lag, meisterte die Stil-Schwierigkeiten der Partitur hochintelligent. Wo die Hexen-Musik vielleicht zu italienisch komponiert ist, da machte Abbado sie körperlos, zeichenhaft, abstrakt. Wo Lady Macbeth allzu melodiöse Italianità zu verströmen hat, da erzwingt er ein manieristisch langsames Übertreiben der Verzierungen, und nicht etwa unangemessene Dramatisierung: Sofort ist dann jene Verfremdung da, die in Damianis unheimlichem Bühnenbild eine Überwindung aller ›Stilbrüche‹ bedeutet.«

»Und plötzlich ist klar, wer (wenn er wollte, Zeit hätte, engagiert würde) eigentlich die ›Götterdämmerung‹, ja den 1976 hundert Jahre alten Wagnerschen ›Ring‹ zu inszenieren vermöchte: er, Strehler – der Schottlands Finsternis so herrlich in blutig-archaische und bildhaft theatralische Symbole übersetzte.«

»Als sich der Wald von Birnham heranbewegte ... und die Oper zu Ende ging, da klatschten die bevorzugten Arbeiter und Gewerkschaftler doch etwas weniger, als es ein bürgerliches Publikum bei einer Aufführung dieses Formats getan hätte. Auch der Pausenbeifall wirkte immer ziemlich zurückhaltend.«[60]

CLAUDIO ABBADO: Joachim Kaiser ist ein Anhänger der fröhlichen Wissenschaft und verdient daher meinen Respekt. Die Idee der offenen Scala – das heißt geöffnet für das elitäre und das andere Publikum – begann mit einem Mahler-Zyklus. Für die Dritte Symphonie war es die Mailänder Erstaufführung und die Siebte hörte sich auch anders an als das eine Mal davor. Ich lud damals die allerbesten Dirigenten dieser Zeit ein: George Szell, John Barbirolli, Rafael Kubelik, auch Bernstein hat mitgewirkt; und alle haben Mahlers Symphonien und Lieder gespielt.

Der Zyklus ist bei den Mailändern sofort auf Interesse gestoßen – bei der modernen Musik, bei den neuen Opern kam es weniger spontan. Wir vergaben Kompositionsaufträge an Luciano Berio, Silvano Busotti, Karlheinz Stockhausen und an Luigi Nono. So gut wie jedes Jahr kam eine Uraufführung heraus, gab es eine für die Mailänder neue Operninszenierung. Was für ein Kampf! Das Publikum war darauf nicht vorbereitet, man brauchte natürlich Zeit. Wieviel besser war es nach einigen Jahren. Seine Aufmerksamkeit wuchs. Wir haben einen Zyklus mit der Zweiten Wiener Schule, Schönberg, Berg, Webern, veranstaltet, dann einen Zyklus mit allen Werken von Mussorgsky, mit allen Werken von Debussy. 1986 nahm ich von der Scala mit der Produktion von *Pelléas et Melisande* Abschied. In den achtzehn Jahren an der Scala habe ich viel moderne Musik, die Musik unseres Jahrhunderts zur Aufführung gebracht.

FRITHJOF HAGER: Was Sie dort initiiert haben…

CLAUDIO ABBADO: …hat für das Publikum Bestand, für die Oper nicht.

FRITHJOF HAGER: Die Scala in der Krise – ein dauerhaftes Thema.

CLAUDIO ABBADO: Italien in der Krise. Ein an Kultur sehr reiches Land; aber was politische Organisation, was Planung angeht: sehr arm. Regisseure oder Solisten zwei, drei Jahre im voraus einladen? – Arbeitsrechtlich nicht erlaubt. Wir konnten nur für ein Jahr Verträge abschließen. Das ist nur ein Beispiel! Eine unmögliche Situation. Die andere – wer kennt sie nicht: Wir probten einen Monat, zwei Monate, dann kam ein typisch italienischer Streik, plötzlich! – sehr frustrierend.

FRITHJOF HAGER: Und doch funktionierte der Betrieb! Sogar bei Nonos Azione scenica *Al gran Sole carico d'Amore* – »ein großer Elefant der Mittel«[61], wie er selber sagte.

CLAUDIO ABBADO: Er hat bei den Proben zu einem neuen Stück, auch bei dieser Partitur, viel geändert, wenn ich ihm vorschlug, daß man es so oder so probieren könnte. Wir haben aufeinander gehört.

FRITHJOF HAGER: In der Arbeit mit diesem Komponisten, Ihrem Freund, und in der Arbeit mit Ihrem Freund Maurizio Pollini, dem Pianisten, sind in Mailand die Wünsche Ihrer Jugend doch in Erfüllung gegangen.

CLAUDIO ABBADO: Wir waren voller Enthusiasmus. Vielleicht war es so.

FRITHJOF HAGER: Hat das Orchester der Scala die moderne Musik, die schwierigen zeitgenössischen Opern gewollt und getan, was Sie wollten?

CLAUDIO ABBADO: Als ich begann, hatte ich das Glück, viele Freunde im Orchestergraben wiederzutreffen; einige meiner Schüler in Parma, einige Kommilitonen vom Mailänder Konservatorium; auch einige Schüler meines Vaters.

Da hat sich etwas für mein weiteres Leben vorbereitet. Es gab zunächst nur ein Quartett und ein Kammerensemble im Orchester. Schritt für Schritt versuchte ich dann, so viele kleinere Ensembles wie möglich zu etablieren, ich dirigierte auch eines davon. Nach zwei, drei Jahren waren die Musiker mit großem Vergnügen dabei, das Zusammenspiel untereinander erreichte eine größere Intensität. Auf diese Weise hat sich das Orchester praktisch selbst erneuert. Auch ein Orchestra Filarmonica alla Scala gründete ich später. Es sollte dem Vorbild der Wiener Philharmoniker folgen, die ja zugleich Opern und Konzerte geben. Wie dort sollten die besten Musiker beides spielen, gute Solisten sollten eingeladen werden, im Orchester mitzuarbeiten. Konzerte haben stattgefunden. Das an der Scala einzuführen, war ein großes Experiment.

London

All diese Erfahrungen brachten mich nach und nach auf andere Ideen. In London war es nicht nötig, in die Fabriken zu gehen, um die Menschen durch Musik zu erreichen. Seit hundert Jahren gibt es die Proms-Konzerte in der Royal Albert Hall, sie sind für ein breites Publikum organisiert. Die Karten für diesen großen Saal sind preiswert und zahlreich vorhanden. Allerdings waren die Programme konservativ, moderne Komponisten fand man nicht so oft. Bei meinem ersten Konzert als Musikdirektor des London Symphony Orchestra habe ich eine Symphonie von Brahms dirigiert, aber auch ein Stück von Brian Ferneyhough. Und viele Musiker vom Orchester fragten mich: Woher kommt der? Sie wußten nicht, daß er ein Engländer ist. Die Aufführung war ein großer Erfolg für ihn.

In London gab es viele Konzerte, aber oft zu wenig Programmvariationen; statt dessen immer wieder Beethoven, Tschaikowsky und so weiter. Ich habe damals ein Festival *Mahler, Vienna and the 20th Century* organisiert. Es kam an. Und ich war, wie ich glaube, einer der ersten, die mit einem thematischen Zyklus eine Konzertserie eingeführt haben, mit Subskription und Abonnement. So etwas war neu und für das Publikum dort ungewohnt.

Die Musiker gingen, nachdem wir uns über Genauigkeit und Konzentration verständigt hatten, sehr engagiert mit dieser Programmpolitik um, und sie fanden Vergnügen daran.

Das ist auch den klassischen Werken zugute gekommen. Von Rudolph Serkin habe ich gelernt, was es heißt, gemeinsam, freundschaftlich zu musizieren. Er interpretierte Mozart ganz frei, nicht romantisch oder in bezug auf die Tempi, sondern frei im Ausdruck und in der Phrasierung. Er half mir sehr, denn durch ihn lernte ich diesen Komponisten wirklich verehren. Mozarts Einfachheit gerecht zu werden – wie schwierig ist das. Es ist eine der schwierigsten Aufgaben, die die Musik den Musikern aufgegeben hat. Serkin sagte über diesen Komponisten: »Ihn zu spielen ist wie die Verständigung mit einem intelligenten Kind. Wenn du seine Intelligenz würdigst, wird es dir vielleicht gelingen, es zu verstehen.« So fühlte und dachte er. Für mich war einer der schönsten Augenblicke, als er mir nach einem Konzert in Chicago sagte: »Mein Traum wäre, alle Mozart-Konzerte mit dir zusammen zu spielen.« Ich war glücklich, das von einem Pianisten wie ihm zu hören. Diese Zeit der Zusammenarbeit mit ihm war eine gute Zeit.

Nach einigen Jahren Arbeit in London merkte ich, daß mir etwas fehlte. Sie spielen zum Beispiel Strawinsky phantastisch, kein Orchester kann das so gut wie das London Symphony Orchestra. Aber obwohl sie es so oft aufführen, mit dem deutschen Romantik-Repertoire ist es etwas anderes: mit diesem Klang, mit dieser Tiefe.

Die Musiker müssen für ihren Lebensunterhalt sehr viel arbeiten; in London gibt es kaum Subventionen. Und wenn ich sage arbeiten, dann meine ich, sie müssen für Filmmusik, für Konsummusik aufspielen.

In Berlin macht die starke Hilfe des Senats die Musiker frei für die Musik, sie können außerhalb des Orchesters selbständig in kleineren Gruppen tätig sein. In London oder auch in New York machen sie *commercials*, finanziell gesehen vielleicht gut, aber künstlerisch, musikalisch ist das eine schlechte Sache.

Ich habe damals viel darüber nachgedacht. Die Musiker brauchen Zeit, um ihre Stücke zu studieren und ihren eigenen Klang zu finden und zu entwickeln. Sie müssen arbeiten können, ohne sich um Geld sorgen zu müssen.

Aus Aberdeen kam, nachdem ich schon einige Jahre an der Scala war, eine Einladung, mit einem Jugendorchester zu arbeiten; es bestand aus den weltweit besten jungen

Musikern. Nach Konzerten in Aberdeen und London entstand eine Idee, und es fanden sich engagierte Mitstreiter dafür: das *European Union Youth Orchestra*! Nach seiner Gründung habe ich versucht, es immer besser zu organisieren.

Was für ein Enthusiasmus bei diesen jungen Musikern! Die besten von ihnen blieben zusammen und gründeten ihr eigenes internationales Orchester, das *Chamber Orchestra of Europe*. Sie luden weitere gute Solisten in ihr Ensemble ein, nicht die ganze Saison über, sondern um eine begrenzte Anzahl von Konzerten miteinander zu spielen. Die anderen Monate sind sie frei, sie können üben, studieren, lesen, keine Musik machen – ich glaube, so soll ein Orchester sich organisieren. Das ist das beste Modell! So kommt eine ganz andere Mentalität zustande, ein ganz anderer Esprit.

Wien

FRITHJOF HAGER: Vielleicht war so etwas in London einfacher als in Wien? Als Gustav Mahler Direktor der Wiener Oper werden sollte, schrieb Karl Kraus: »Der neue Dirigent soll bereits so effektive Proben seiner Thatkraft abgelegt haben, daß schon fleißig gegen ihn intriguiert wird.«[62]

CLAUDIO ABBADO: Es war für mich verlockend, die Wiener Philharmoniker auch in der Oper dirigieren zu können. Zum ersten Mal ist das 1984 geschehen. Verhandelt haben wir seit 1965. Nach solchen Gesprächen las ich in der Zeitung, was ich alles an der Oper plane. Aber gefragt hat man mich immer zu spät. Wenn meine Termine bereits festlagen.

Die Wiener Oper dann zusammen mit Claus-Helmut Drese zu leiten – eine glückliche Zeit. Mit ihm verstand ich mich; das half bei dem Programm, das wir spielten, bei *Chowanschtschina* von Mussorgsky, bei *Fierrabras* von Schubert, bei *Viaggio a Reims* – dem Wiener Publikum war das neu, das hatte es noch nie gehört. Auch die Produktion von Rossinis *L'Italiana in Algeri*, Strauß' *Elektra*, Bergs *Wozzeck*, Verdis *Don Carlos* und die Übernahme von Mussorgskys *Boris Godunow* in der Covent-Garden-Inszenierung von Tarkowsky, hat, wie ich hoffe, keiner vergessen.

FRITHJOF HAGER: Sehr viel Arbeit für nur fünf Jahre. Mit dem Orchester der Wiener Staatsoper, den Wiener Philharmonikern, konnten Sie eine tiefere Beziehung erhalten. Sie kennen einander schon seit langem, wie eine Kritik von Joachim Kaiser über ein Konzert in München, bei dem Mozarts Es-Dur-Symphonie, KV 543, und Bruckners VII. Symphonie auf dem Programm standen, zeigt. »Abbado läßt seinen Wienern so viel Zeit, daß bereits beim Immergleichen klingendes Leben entsteht... Er forciert nichts, treibt nicht, läßt Mozart zu sich selbst kommen. So war es denn sehr aufregend, mitzuerleben, wie entschieden Abbado bei Bruckner gleichwohl auf Artikulation und Struktur-Dramatik abzielte. Er provozierte Nuancen- und Empfindungsfülle in jeder Melodie! Er sah den ersten Satz dieser VII. an, als hätte Mahler ihn komponiert, als wäre die Coda Ausdruck eines mittlerweile völlig veränderten Geschehens: und siehe da – Bruckners Symphonie war nicht nur dem (im Augenblick törichterweise vielbeschimpften) Lohengrin- und Rheingold-Wagner ähnlich, sondern sie hielt auch den analytischen Tiefsinn eines Künstlers aus (und zwar spielend), der hinter den E-Dur-Entwicklungen Mahlersche Seelen-Romane vermutet. Nur daß neben besagtem Roman noch unendlich farbige, feiernde, herb-hymnische Musik zutage trat.

Es war ein Konzert zum Schwärmen, memorabel. Wir haben das am schönsten klingende Bruckner-Orchester der

Erde gehört. Die Musiker an ihren Pulten wirkten übrigens beim frenetischen Schlußbeifall ziemlich ungerührt, mürrisch fast, blickten verraunzt, schienen nicht gerade zu leiden, klopften aber auch keineswegs an ihre Instrumente. Die überwältigenden Selbstverständlichkeiten, an denen sie uns teilnehmen ließen, sind ihnen offenbar selbstverständlich.«[63] – Haben die Philharmoniker Sie geliebt oder nicht geliebt?

CLAUDIO ABBADO: Ob oder wie oder ob nicht oder wie nicht, ich weiß es bis heute nicht.

FRITHJOF HAGER: Bekanntlich ist es nicht möglich, China zu erobern: alle, die dort einziehen und die Macht übernehmen wollen, werden im Lauf weniger Generationen zu Chinesen. »So ist es auch, wenn Autokraten (aber sie müssen Meister sein) die Herrschaft über die Wiener Philharmoniker antreten. Sie werden im Verlauf einiger Proben zu Wienern. Sie müssen nicht mehr befehlen. Sie erreichen, was sie wollen – weil (und wenn) das Orchester es so will.«[64]

CLAUDIO ABBADO: Wenn es will.

FRITHJOF HAGER: Alle Konzerte, so heißt es, sind philharmonische Generalproben. Man probiert, ob man kann. »Man merkt, daß man kann... Während man spielte, war's eine Probe. Nachher ist es ein Konzert gewesen... Alle echten philharmonischen Konzerte sind Konzerte im Konjunktiv, in der Möglichkeitsform.«[65]

CLAUDIO ABBADO: Mit diesem Orchester einen Wiener Walzer zu spielen – für mich immer wie ein Nachhausekommen.

FRITHJOF HAGER: Das Wiener Publikum, und wer von den Wienern ist nicht Publikum, scharfzüngig, beredtsam und bescheidwissend, die Wiener also »waren eine glückliche Mischung von ruhiger Arbeitsamkeit und leicht hedonistischer Genießerfreude, nicht ganz ethisch, nicht ganz ästhetisch, innerlich zwar gefestigt, dennoch in ihren

Bewertungen bestätigungsbedürftig. Ihrem Wesen nach weder ganz individualistisch noch ganz kollektivistisch... Ihr Kunstverständnis war hoch entwickelt, ohne aber von der vorgeschriebenen eklektischen Kunstlinie auch nur eine Fingerbreite abweichen zu können, und es war daher ausschließlich auf das Virtuosenhafte gerichtet, auf den Schauspieler, nicht auf das Stück, auf die Musiker, nicht auf die Musik.«[66]

CLAUDIO ABBADO: Das Publikum in dieser Stadt lebte in einer großen Tradition: eine Insel im Strom.

FRITHJOF HAGER: Sie sind gegangen: Berlin ist in jedem Falle Festland. Vielleicht fühlten sich die Bewahrer des Üblichen, die Beschwörer der Wiederholung des Immergleichen dort durch Sie bedroht.

CLAUDIO ABBADO: Jedesmal, wenn ich in die Staatsoper kam, schaute auch ich sofort nach, ob mein Name noch neben der Tür zu meinem Zimmer stand. Ich glaube auch, daß man die Deutschen in Wien nicht sonderlich liebt. In dieser Zeit wirkten da zwei deutsche Intendanten, Drese an der Oper, Peymann am Burgtheater – das war den Wienern zuviel: einer zuviel – eine schreckliche Einstellung. Eine andere Kultur respektieren, dafür etwas tun – in Wien beinahe nicht machbar. Man lebt dort zu beengt, nicht offen genug für andere Entwürfe, Pläne, Vorschläge.

Regelmäßig bekam ich bei neuen Ideen zu hören: »Das ist unmöglich.« Und dann habe ich gekämpft. Für die Modernen. Es ist mir gelungen bei »Wien Modern«: ein Forum für neue Musik, junge Komponisten und junge Musiker zu schaffen. Und für das Gustav Mahler Jugendorchester habe ich gekämpft. Das alles kommt nicht einfach so.

FRITHJOF HAGER: Ein Europäer in Wien.

CLAUDIO ABBADO: Mit diesem Jugendorchester war ich oft in Bolzano, in Bozen, um ein Programm zu erarbeiten. Sie kennen die Streitigkeiten an dieser Grenze zwischen Österreich und Italien, viele Menschen sind ihretwegen dort gestorben. Ich habe da jemanden gefunden, der unsere Konzerte organisiert – zu unserem Glück: Es kommt dort ein Publikum zusammen, das zwei Sprachen, zwei Kulturen repräsentiert. Könnte dasselbe nicht auch in Belgien zwischen den Valonen und Flamen geschehen: In zwei oder mehreren Sprachen zu denken und zu leben?

Wenn ich die verschiedenen Mentalitäten in Deutschland ansehe – damals, als die Berliner Mauer noch stand: die ersten jungen Deutschen aus Dresden, Leipzig und Ostberlin, die in Westberlin spielten, saßen im Gustav Mahler Jugendorchester. Mit welch mühsamen Umständlichkeiten hatten wir damals zu tun – erinnern Sie sich noch an diese Bürokratie? Für jeden einzelnen Spieler mußte man ein Visum beantragen; nicht leicht.

Die vielen Erfahrungen aus der Arbeit mit dem Europäischen Jugendorchester halfen sehr bei der Organisation des Gustav Mahler Jugendorchesters.

Zu Beginn hatten wir verschiedene Residenzen für das Orchester, zunächst in Wien, in Bozen, nun auch in La Villette bei Paris, wo immer gute Räume für die Proben und gute Unterkünfte für 140 Musiker zur Verfügung stehen. Finanziert werden sie durch Stipendien – da geht es um viel Geld –, die vor allem von Österreich für zwei Jahre, in denen die Besetzung der Pulte die gleiche bleibt, aufgebracht werden. Da wir Österreich, Deutschland, Italien, Frankreich für unsere Sache gewinnen konnten, und Tschechien, Polen und Rußland hoffentlich dazukommen, versammelt sich hier, mehr oder weniger, ganz Europa.

FRITHJOF HAGER: Ein europäisches Zusammenspiel.

CLAUDIO ABBADO: Mit diesen Musikstudenten kann man Neues erproben, experimentieren. Ich lerne viel dabei, jedesmal. Ihre Begeisterung ist groß, und wo ihnen die Erfahrung fehlt, können sie von ihren Tutoren lernen, von Musikern, die aus großen Orchestern zu ihnen kommen, um sie zu betreuen. Nehmen wir uns eine neue Komposition vor, höre ich bei den ersten Proben zuerst nicht unbedingt das Ideal eines Schönklangs, aber das Wichtigste für die Musik ist die Balance des Orchesters, die der einzelnen Gruppen untereinander. Ein Klang kommt dann zustande. Und er unterscheidet sich; beim Gustav Mahler Jugendorchester haben die Streicher einen schönen, vollen Klang; beim Europäischen Jugendorchester liegt das Gewicht bei den Bläsern, dem Blech zum Beispiel.

Jeder junge Musiker sollte die Chance ergreifen, Musik zu studieren und so oft wie möglich in Konzerte zu gehen; spielen, üben, nicht nur für den Unterricht, nicht nur für sich allein, sondern im Ensemble. Man sollte sich von den Klanggeräuschen des Alltags, die sich in jedem Laden, in den Restaurants aufdrängen, freimachen; erst dann hört man Musik.

Viertes Kapitel

Was wirkt

Ohne Poesie läßt sich nichts in der Welt wirken:
Poesie aber ist Märchen.

Johann Wolfgang Goethe: *Gespräche*

Der Leser

FRITHJOF HAGER: In jungen Menschen sieht man die eigenen Anfänge wieder und die vielen Vorstellungen, wie ein Leben werden kann. Und dann entsteht in dem, was sich entwickelt, eine Erfahrung, die Hölderlin so beschrieben hat:

> Hochauf strebte mein Geist, aber die Liebe zog
> Schön ihn nieder; das Leid bog ihn gewaltiger;
> So durchlaufe ich des Lebens
> Bogen und kehre, woher ich kam[67]

CLAUDIO ABBADO: »... woher ich kam« – ich habe oft darüber nachgedacht, wo mein Zuhause ist. Ich glaube, in diesem Bauernhaus, in dem ich in den Bergen wohne, im Engadin. Dahin kann ich immer. Es liegt sehr hoch in einem Tal, in dem man seit hundert Jahren nicht mehr bauen darf. Kein Auto fährt. Gebaut hat man es im 16. Jahrhundert. Tucholsky wohnte darin; das ist wie ein Zauber, in dieser Stube zu sein, in der er auch war. Dort bin ich in den letzten zehn Jahren immer wieder gewesen. Das ist für mich ein Zuhause, von dem ich manchmal denke, es ist innen in mir; das brauche ich.

Und es ist eine große Hilfe für mich, jedesmal wenn ich dahin komme und dieses Tal sehe, das sich nie ändert, es ist sich sehr treu. In einem Gedicht beschreibt Tucholsky das Rauschen des Baches, das immer da ist. Im Winter gibt es da so viel Schnee und Eis, alles ist gefroren, man sieht nichts mehr von der anderen Natur, aber man weiß, das Rauschen ist wie eine Seele unter diesem Eis; das läuft nicht weg. Ich liebe die Berge, ich steige fast jedes Jahr auf den Gipfel, fahre Ski – aber ich liebe auch das Meer, das Wasser – vielleicht, weil am Meer oder in den Bergen ein Leben ohne Zeitgefühl möglich ist, man frei ist. Ich kann lesen und spazierengehen und studieren, wann ich will.

»Hochauf strebte mein Geist und die Liebe zog schön ihn nieder« – eine eigentümliche Zeile und zutreffend. An eine Sache glauben – viele können sich das nur schwer erklären, mit Religion hat das nichts zu tun, sie machen ihre Arbeit und sie identifizieren sich nicht mit dem, was sie tun. Das ist, als seien sie in der Wüste, vertrocknet, leblos. Glauben muß man, sonst hat es keinen Sinn.

Sich mit Liebe einer Sache hinzugeben, das ist doch das Wichtigste. Sie kommt immer zurück. Für mich zum Beispiel kommen die schönen Momente mit der Musik, die eine Verbindung mit der Liebe herstellt.

Welche Liebe das ist, kann man nicht genau sagen, aber sie entsteht. Für die Musik, die ich mit einem Orchester erarbeite, oder für etwas anderes. Das hilft zu sein, zu leben.

Über seine Neunte Symphonie hat Mahler einmal geschrieben: »Ich hoffe, daß niemand so viele Schmerzen haben wird wie ich, als ich diese Musik komponiert habe.« Er hat diese Schmerzen erlitten, weil das so tief war: ein so großes Leid.

Davon spricht auch die Literatur. Wer sie liebt, der schafft sich im Innersten immer wieder neue Welten, in denen er auf lange Reisen gehen kann. Meine ersten Schritte auf solchen Wanderungen habe ich als Kind getan. Ich glaube, parallel zu jedem Leben entsteht eine Geschichte von Begegnungen mit fiktiven Personen und Situationen. Sie werden einem so vertraut wie manche Menschen, die man im Leben kennenlernt, und sie begleiten die eigene Entwicklung. Die Literatur erzieht mich und mein musikalisches Denken im besten Sinne, sie ermutigt mich zu neuen Erfahrungen und sie ergänzt andere Studien.

Die Zeit zum Lesen findet sich immer wieder, muß sich immer wieder finden und in die Perioden zwischen Ruhe und Arbeit einfügen lassen, denn die Bücher brauche ich für mein inneres Gleichgewicht.

Als Kind habe ich alles, wirklich alles, was mir in die Hände fiel, gelesen. Auch später gehörten die Bücher dazu, zum Studium, zum Sport und zur Freizeit. Sie kommentierten, was ich tat, sie redeten sozusagen immer mit. Jetzt lese ich vor allem im Urlaub, am Meer in Sardinien oder in den Bergen im Engadin. Das sind ideale Orte und Augenblicke; in dieser Einsamkeit stellen sich Ideen und Gedanken ein. Es zeigen sich neue Wege. Aber manchmal kann ich auch in intensiven Arbeitsphasen freie Zeit finden. Wenn ich etwa nachts aufwache und keinen Schlaf finde, nehme ich ein Buch, und so wird dieser Moment zu einer Gelegenheit, beim Lesen nachzudenken.

Aber ich erinnere mich, angefangen hat diese Leidenschaft als Kind mit Erzählungen von Piraten und Sandokan von Salgari. Etwas später habe ich mich auf die russische Literatur gestürzt; ich war neugierig auf Tschechow, Tolstoj und Dostojewskj. Nicht zu vergessen Gogol! Sein Humor und diese feine, beißende Ironie hatten es mir angetan. Fast gleichzeitig entdeckte ich die französische Literatur: Balzac, Maupassant und Flaubert und die Dichtungen von Baudelaire und Apollinaire. Solche Bücher verlassen einen nicht so schnell.

Ich habe auch sehr viel Glück gehabt. Es gab immer wieder jemanden, der mich zu einer neuen Lektüre anregte. Angefangen bei meiner Mutter, die mir als Sizilianerin Pirandello und Verga nahebrachte – und ich begeisterte mich für die Welt des *Leoparden* von Tomasi di Lampedusa und für die Romane von Sciascia. Eine andere große Jugendliebe: *Die Verlobten* von Manzoni; im Schulunterricht nahmen wir diesen Roman durch, der aber nicht so viel Eindruck hinterließ wie die Gespräche, die mein Taufpate Enrico Polo dazu mit mir führte. Er war ein Schüler von Brahms' Freund Joseph Joachim.

Als Junge war ich sehr eingenommen von Macchiavelli, nicht nur vom *Fürsten* und von *Mondragola*, sondern auch von den *Gesprächen*, diesen politischen und moralischen Betrachtungen, die erstaunlich aktuell sind. Ich war aber auch von Cervantes *Don Quixote* sehr angetan und liebte Nerudas Lyrik: *Zwanzig Liebesgedichte und ein Gesang der Verzweiflung*, auch *Crepusculario*, auch den *Großen Gesang*.

Auf dem Mailänder Konservatorium belegte ich neben dem Kompositionskurs und Philosophie auch italienische Literatur bei Salvatore Quasimodo. Er hat mir und meinem Freund Adelchi Amisano – nur wir beide saßen in seinem Unterricht – in freundschaftlichen Gesprächen die griechische Lyrik in seinen Übersetzungen vermittelt. Seine Gedichtbände *Oboe sommerso* und *Odore di Eucaliptus* lernte ich durch ihn, den Autor selbst, verstehen. Unvergleichlich!

Von Cesare Pavese – nach dem Ende des Krieges für mich wie für meine Generation der Autor, der unsere Gedanken am besten wiedergab – habe ich alles, sowie es erschienen war, verschlungen. Sein Essay über die amerikanischen Schriftsteller des 20. Jahrhunderts von Anderson bis Hemingway brachte mich wiederum in eine ganz andere Wirklichkeit. Was für neue Welten – damals.

Pavese veröffentlichte bei Einaudi, einem Verlag, der sich in der schwierigen Zeit des materiellen und moralischen Wiederaufbaus in Italien durch die Veröffentlichung dieser wichtigen Literatur einen Namen gemacht hat. In diesem Haus erschienen auch die Werke Calvinos, die ich sehr schätze: die traumwandlerische Trilogie vom *Geteilten Visconte*, dem *Baron auf den Bäumen* und dem *Ritter, den es nicht gab*. Später wußte ich auch, wo die *Spinnen ihr Nest bauen*, kannte *Wenn ein Reisender in einer Winternacht* und *Sechs Vorschläge für das nächste Jahrtausend*. Auch die Bücher von Svevo und Silone, später die von Bassani und Cassola, waren für mich sehr bedeutsam.

Dann habe ich mich in den Briefwechsel zwischen Rilke, der Zwetajewa und Pasternak vertieft – ein biographisch-historisch-literarisches Universum unseres Jahrhunderts.

Ein ähnliches hat Elias Canetti entworfen. Seinen Berichten *Gerettete Zunge* und *Augenspiel* habe ich zu verdanken, daß ich mich in die österreichische, die Wiener Mentalität etwas besser einfühlen konnte. Musils Romane konnte ich danach mit ganz anderen Augen lesen. Damals studierte ich auch Joyce' Werke und seine sprachlichen Experimente.

Die Werke der großen Schriftstellerinnen nehme ich immer wieder her, die Romane von Virginia Woolf, die Erzählungen von Tania Blixen, *La Storia* von Elsa Morante, und Marainis *Bagheria*. Es ist wohl kein Zufall, daß ich immer wieder italienische Autoren und Autorinnen nenne – ich lebe doch sehr in meiner Sprache, lese am liebsten auf italienisch, auch wenn es immer wieder reizvoll ist, einen Text in seiner Originalsprache zu verstehen, und sei es mit Hilfe einer daneben aufgeschlagenen Übersetzung. Die italienischen Verlage bieten viele Romanausgaben an, bei denen sich Original und Übersetzung gegenüberstehen – sehr praktisch.

Vor kurzem kam ich auf die Romane von Peter Handke. Mich hat *Die Lehre der Sainte-Victoire* sehr bewegt, wie auch *Wunschloses Unglück*, eine Erzählung, in der er sich mit dem Tod der Mutter auseinandersetzt. Andere Schriftsteller berührten mich mit der Musikalität ihres Stils, wie die Yourcenar, die ich sehr liebe und deren Bücher ich immer wieder hervorhole, wie *Die schwarze Flamme*, *Ich zähmte die Wölfin*, *Fangschuß* – vielleicht, weil diese Bücher, mehr als andere, sich auf Ereignisse meines Lebens beziehen. Dazu gehört auch *Das Memorial*, der wunderbare Roman von José Saramago.

Dabei fällt mir ein: Auch die Klassiker, unsere Pflichtlektüre in der Schule, Dante, Petrarca, Leopardi, haben durch die metrischen und klanglichen Aspekte ihrer Sprache mein musikalisches Empfinden bestimmt.

Wie viele Inszenierungen von Giorgio Strehler habe ich am Piccolo Teatro gesehen! Dadurch und durch unsere Zusammenarbeit an der Scala kam ich zu Texten von Goldoni und Brecht. Die Arbeit mit Regisseuren ist nicht selten eine Quelle der Inspiration. Tarkowskys Film *Andrej Rubljow* brachte mich auf die Idee, diesen Regisseur um die Inszenierung des *Boris Godunow* für die Covent Garden Opera zu bitten. Ich hatte inzwischen alles von ihm gelesen und auch alles über ihn. Wir haben seine *Boris*-Inszenierung später an die Wiener Staatsoper übernommen und ihm bei dieser Gelegenheit ein Festival gewidmet. Alle seine Filme wurden vorgeführt, seine Gemälde in einer Ausstellung gezeigt, und ich dirigierte ein Konzert mit Kompositionen, die ihm gewidmet oder die durch sein Werk angeregt worden waren. Ich erinnere mich auch gerne an die Begegnungen mit Freunden wie Rudolf Serkin, der mir Werke von Prager Schriftstellern nahebrachte, die mir noch nicht so vertraut waren, wie etwa *Die verlorene Geliebte* von Urzidil. Ich erzählte ihm von Joseph Roths *Legende vom heiligen Trinker* und vom *Radetzky-Marsch*. Ich bin froh, auch mit Gesualdo Bufalino, diesem außergewöhnlichen Menschen, befreundet zu sein. Er kann, wie nur wenige heutzutage, unerschrocken die Wahrheit sagen. Wir tauschen gern Bücher und Platten untereinander aus. Ich liebe sein Gedicht *Sizilianerin*, aber auch seine Romane *Das Pesthaus* oder *Die Lügen der Nacht*. Auch die Freundschaft mit Claudio Magris ist mir wichtig, von seinen Werken schätze ich alles, besonders aber *Die Donau* oder *Ein anderes Meer*. Die Bekanntschaft mit Gavino Ledda, dem Verfasser des Buches *Padre Padrone*, habe ich Inge Feltrinelli zu verdanken. Sie machte mich auf Sardinien mit dem Universitätsdozenten, der einmal ein Hirte war, bekannt.

Der Forscher

Auch über die Noten komme ich immer wieder zur Literatur. Wenn ich eine Komposition studiere, beschäftige ich mich oft intensiv mit dem Werk eines Schriftstellers, das dazu gehört. Madernas *Hyperion* und insbesondere Nonos *Prometeo* fordern geradezu dazu heraus, Hölderlin zu lesen. Von ihm wiederum zu Goethe und Schiller zurückzukehren und von diesen wieder zur griechischen Antike war beinahe schon selbstverständlich.

Als ich in Wien Verdis *Don Carlos* einstudierte, lag Schillers Drama gleich neben der Partitur. Als ich mich mit Mussorgskys *Boris Godunow* erneut auseinandersetzte, holte ich die russischen Autoren meiner Jugendzeit und die Romane von Bulgakow aus dem Bücherschrank. Zu Hofmannsthal hat mich die Musik von Richard Strauss gebracht, zu Maeterlinck Debussys *Pelléas et Mélisande*.

Die Grenzen zwischen Musik und Literatur verschwimmen, das führt zu meinen künstlerischen Erfahrungen in Berlin. Dort haben wir versucht, andere künstlerische Ausdrucksformen zu einem Thema neben die musikalischen zu stellen. Oft war der Ausgangspunkt ein literarischer, wie bei den Hölderlin oder Shakespeare gewidmeten Zyklen. Wir stellen das Werk eines großen Autors in den Mittelpunkt, um von da aus die Zeichen und Spuren zu suchen, die dieses Werk in der Musik hinterlassen hat, im Theater, im Film, in der Arbeit der Regisseure. So kam zum Beispiel Robert Calasso nach Berlin und las im Rahmen des Zyklus, der dem griechischen Mythos und Drama galt, aus seinem Buch *Die Hochzeit von Kadmos und Harmo-*

nia. Georg Büchners Werk, ein anderes Thema eines Zyklus, entdeckte ich durch meine Arbeit mit der Partitur Alban Bergs. Sein *Wozzeck*-Libretto brachte mich wiederum auf das Original, und von ihm aus wurden die anderen Schriften Büchners interessant für mich wie nie zuvor. Einige junge Autoren habe ich im Rahmen der Salzburger Osterfestspiele kennengelernt, dort wird alljährlich neben dem Werk eines Komponisten auch das eines jungen Schriftstellers mit einem Preis ausgezeichnet: Robert Schneiders Buch *Schlafes Bruder* wurde prämiert, *Stichwort: Liebe* von David Grossman und *Das Findelkind* von Didier Cauwelaert.

Unter all den Büchern, die ich mir ins Gedächtnis gerufen habe, bleiben leider viele Lücken. An Neugier mangelte es mir nie, mit noch unbekannten Autoren, Gedankenwelten, literarischen Stilen bekannt zu werden, andere Träume und Ideen zu erfahren. Wenn wir es nur wollen, kann die Literatur wie die Musik die Vergangenheit und die Zukunft in der Schönheit eines Augenblicks verbinden. Ich wollte, dieses Erbe wäre für alle zugänglich. Vielleicht muß man die Menschen nur dazu einladen, es in ihre Hände zu nehmen. Daß das Fernsehen viel Zeit verbraucht, muß kein Argument sein. Wieviel dieses Gerät für die Kultur tut, wußte schon Groucho Marx: Immer, wenn jemand den Apparat einschalte, würde er in ein anderes Zimmer gehen; da warten seine Bücher schon auf ihn.

Der Lehrer

FRITHJOF HAGER: Man braucht Kultur; braucht man sie?

CLAUDIO ABBADO: Wer glaubt, Kultur könne man sich erst dann leisten, wenn genügend Reichtum vorhanden ist, der irrt. Nicht die reichsten Länder investieren am meisten in die Kultur. Umgekehrt! Die Länder, die ihre größten menschlichen und materiellen Werte für die kulturelle Entwicklung aufbieten, erzeugen in der Folge auch Reichtum. Wer in die Kultur Vertrauen hat, kann auch in die Zukunft denken. Länder oder Regionen – wie in Italien zum Beispiel die Emilia Romagna – beweisen das, sie glauben an Kunst und Literatur und sind deshalb in der Lage, allen ein höheres Lebensniveau zu bieten. Reichtum bedeutet nicht von selbst mehr Kultur, aber Kultur bringt Gewinn, sie fördert die Menschen, das Zusammenleben.

FRITHJOF HAGER: Die Musik treibt, wie Sie im Vorwort einer Musikenzyklopädie schreiben, diese Entwicklung voran. »Die ständige Veränderung, der wir alle unterliegen, wurde in den letzten Jahrzehnten geprägt durch eine stark beschleunigte Bewegung und die stärkere gegenseitige Abhängigkeit, ein Prozeß, der die heutige Gesellschaft tief beeinflußt. Die Geschwindigkeit, mit der heute Fakten als erwiesen und gleich darauf als überholt gelten, zwingt uns, immer von neuem Stellung zu beziehen; die Musik, so scheint es mir, wird immer mehr zu einem beweglichen, sensiblen, offenen Experimentierfeld, bietet aber doch auch eine Menge Beständigkeit und Sicherheit als Bezugs- und Ausgangspunkt. Gleichzeitig wird auch die Musik inzwischen von den negativen Aspekten unserer unter ständigem Druck stehenden Welt bedrängt. Interdisziplinäre Verknüpfungen aller Gebiete erweitern zwar das Verständnis und die Verbreitungsmöglichkeiten einer sich erneuernden Kultur, die aufnahmebereit und durchlässig ist für die unendlichen Facetten der Wirklichkeit und die Vielfältigkeit der Gedanken, doch in gleicher Weise greifen Gleichmacherei, Interesselosigkeit und geistige Abhängigkeit um sich und reißen einzelne Individuen und ganze Völker in einer Flut mit sich. Die Musik ist davor nicht gefeit. Von der Grundausbildung in spezialisierten Schulen, von der Rolle der Medien bis zu den Beschränkungen, die der Markt auferlegt, kann sich zwar ihre Mitteilungskraft ausbauen, aber oft sieht sie sich von Banalität und Verständnislosigkeit bedroht. Das geschieht ganz unabhängig von der Art der Musik, denn fortschrittliche und liberale Aspekte, die Gefahr von Verflachung und Passivität gibt es in jedem Genre, sei es in der Klassik, der Pop- oder Rockmusik.

In diesem Sinne bedeutet musikalisches Wissen eine Herausforderung an die Wirklichkeit. Jeder hat es oder kann es haben: die Stimme, die Freude am Gesang, am Hören. Und dennoch gibt es wenig Gebiete, die so spezialisiert und unzugänglich erscheinen. Auch wer oft in Konzerte geht, fühlt sich nicht berufen, die besonderen technischen und historischen Aspekte zu begreifen, von denen er glaubt, daß die einer Schar von ›Auserwählten‹ vorbehalten sind. Die Musik scheint von einem magischen Bannkreis umgeben. Das soll uns aber nicht beunruhigen: Die Kraft, mit der sie zu uns spricht, wird durch das Enthüllen ihrer Geheimnisse und durch die Verbreitung ihrer Kenntnis nicht berührt. Niemals ist die Verbreitung von Wissen gefährlich, wenn sie seriös betrieben wird. Eine solche Verbreitung kann und darf sich von der Spezialisierung nicht entfernen. Jeder muß in der Lage sein, den Abstand zu überbrücken, der den Laien vom Sachverständigen trennt, er muß so weit vordringen können, wie ihn seine Neugier und sein Interesse treiben.

Ich glaube nicht an die strenge Trennung, das dogmatische Entweder-Oder zwischen der Kunst und ihren Konsumenten, zwischen der Genialität und ihrer Umsetzung in Realität, zwischen Spezialisten und Laien. Unsere Zeit verlangt von jedem, imstande zu sein, eine verantwortliche Funktion zu übernehmen. Die Musik kann, so meine ich, dazu viel beitragen, in sozialer, ethischer, ja politischer Hinsicht.«[68]

CLAUDIO ABBADO: Die Grenzen, durch die wir unsere Vorstellungen aufgeteilt haben, überwinden – die Literatur nimmt diese Bewegung auf. Zum Beispiel Peter Handke: Er schreibt in einer neuen Art, fast ohne Dialog. Aber mit seiner wunderbaren Beschreibung der Landschaft, von den Menschen in diesem Land, erfindet er eine neue Form von Dialog. Dasselbe kann auch die Musik: Die Form immer neu finden. Es besteht allerdings ein Unterschied. Peter Handke ist ein großer Schriftsteller – ich bin kein Komponist; ich versuche, die Musik von anderen, von großen Komponisten zu spielen, ihre musikalischen Gedanken zu realisieren, zu interpretieren. Das ist ein anderer Aspekt. Mich kann man eher mit einem Regisseur, einem Schauspieler oder einem Solisten, einem Sänger, einem Pianisten, vergleichen.

FRITHJOF HAGER: Aber es ist ja so, daß Sie das Wort auch haben.

CLAUDIO ABBADO: Ja, aber mein Wort, meine Sprache ist die Musik.

Fünftes Kapitel

Überlieferungen

Der Menschheit Würde ist in eure Hand gegeben,
Bewahret sie!
Sie sinkt mit euch! Mit euch wird sie sich heben!
Friedrich Schiller: Die Künstler

Wie entsteht das Klangbild einer Komposition, die Claudio Abbado so oft, so klar und leidenschaftlich realisiert, mit dem Berliner Philharmonischen Orchester ebenso wie mit dem Chamber Orchestra of Europe, dem Gustav Mahler Jugendorchester, dem London Symphony Orchestra wie mit den Wiener Philharmonikern? Ist das nur eine Frage seiner Bildung, seines Könnens, seiner großen musikpraktischen Erfahrung und seiner umfangreichen Kenntnis der psychischen Verfaßtheit der Orchestermusiker, der täglichen Arbeit in der Wiederkehr der Proben? Erklärt seine musikalische Einbildungskraft seine analytische Genauigkeit gegenüber der Partitur, wie auch seine Träume von der Musik und von der Liebe?

Solche Fragen enthalten ihre Antwort, aber noch etwas anderes tritt hinzu: Das oft verrufene Wort Tradition will mir beinahe nicht von der Hand gehen, und doch – in den Fingern der Instrumentalisten sitzt sie, in den Kehlen der Sängerinnen und der Sänger, in der Körpersprache der Dirigenten, im Ohr der Hörer, des Publikums: die lebendige Überlieferung von Aufführungen, die heute noch wirken, weil ihre Interpreten Forderungen aufstellten, die immer noch gelten. Immer wieder werden sie befragt und geben Antwort: So habe ich es gemacht.

Ein musikalisches Werk verstehen heißt, den Ideen des Komponisten folgen, heißt zugleich auch, ein Wissen verfügbar haben über die wiederholte Abfolge seiner Darstellung durch Orchester, Sänger und Dirigent. Diese bringen gemeinsam eine Partitur zum Sprechen; sie lesen sie gemeinsam und übersetzen die Notenzeichen in das Spielen ihrer Instrumente. Indem sie musizieren, reden sie und bringen dabei die Gedanken ein, die sie aus ihren Erfahrungen mit anderen Menschen, anderen Künsten und aus ihrem Alltagsleben gewinnen. Sie sind Hermeneutiker des

Tuns: »Sprache interpretieren heißt: Sprache verstehen; Musik interpretieren: Musik machen.«[69]

Die Partitur ist dabei doch ein Buch. Und wie ein Buch nur zu verstehen ist in der Geschichte seiner sich immer wieder erneuernden Interpretationen, die im Gebrauch durch die Leser erwachsen, so auch die aufgeschriebene Komposition. Allerdings besteht ein Unterschied zum Buch, das meist nur einer allein liest. Die Partitur wird öffentlich gelesen; mit den Instrumenten, mit der Stimme, mit Gestik und Mimik. So wird ihr Text dem Publikum kundgetan, getreu ihren Zeichen. Um sie kreisen alle: der Intendant, der die Mittel, sie zu hören, bereitstellt, seine Sekretärin, die die Termine der Solisten organisiert, die Garderobiere, die die Mäntel abnimmt. Die Partitur ist der Mittelpunkt.

Dieses praktische Interpretieren hat seine Geschichte, die immer noch Geltung hat, auch im Musizieren von Claudio Abbado. Auch er lebt von der Arbeit derer, die ihm vorausgingen. Sie bedingen seine Wirkungskraft. Auf welche Weise? Die Antworten finden sich bei zwei Dirigenten. Der eine ist Arturo Toscanini, Sachwalter des Erbes Verdis. Ihm war die Erkenntnis der Noten die einzig verpflichtende Aufgabe. Zeit seines Lebens ist er ihr gegenüber unerbittlich und sich selber treu geblieben.

Für den orchestralen Darstellungsstil hat das in diesem Jahrhundert einige Auswirkungen gehabt. Kein Dirigent, der sich des Niveaus, auf das Toscanini seinen Beruf gehoben hat, nicht bewußt wäre – bei Strafe seines eigenen Selbstverständnisses.

Was es bedeutet hat, mit Toscanini zu arbeiten, darüber hat Samuel Antek, der siebzehn Jahre unter den ersten Geigen im NBC Symphony Orchestra am Pult saß und seinen Chef aus nächster Nähe beobachten konnte, ausführlich und sachkundig berichtet. Da er auch selber dirigierte, verfügte er über eine Erfahrung aus beiden Perspektiven:

aus der des angeleiteten Musikers und der des anleitenden.

Zu seiner Zeit arbeiteten die Musiker oft nur deshalb im Ensemble der Streicher, weil sie die Solokarriere nicht hatten ergreifen können – anders als bei den Bläsern, die sich bereits im Studium auf ihre Arbeit in einem Klangkörper vorbereiteten.

Ein Streicher hat zu individuellem und eigenständigem Spiel im Orchester nicht viele Gelegenheiten. Er muß sich in seine Gruppe einfügen wie sich auch dem Willen der Orchesterleiter unterordnen, die bekanntlich mitunter von tyrannischen und eitlen Launen befallen sind, die sie den Spielern auch ohne Hemmungen zumuten. Oft genug greift ein heftiges künstlerisches Mißbehagen um sich, ein Unmut, weil musikalische Instinkte auf diese Weise verletzt werden. Die Begeisterung der Musiker läßt nach, das Musikmachen wird zu einem eintönigen Geleier, das Gefühl der Nutzlosigkeit, das eigene Tun betreffend, macht sich breit, der Musiker sucht nach anderen Wegen, anderen Interessen zur Bestätigung der eigenen Person. Solche Klagen hört man auch heute, wann immer Musiker über ihre symphonische Arbeit etwas mitteilen. Entgegen der Vermutung, Toscanini sei einer derjenigen gewesen, der den Musikern damals das Gruseln vor dem Taktstock beigebracht habe, stellt Antek ganz andere Einsichten heraus.

Bekannt und in vielen Anekdoten überliefert ist, mit welcher Vehemenz dieser Dirigent über seine Instrumentalisten herfiel, mit wieviel Zorn, Beschimpfungen und mit welchem Wutgebaren. Antek machte selber die Erfahrung, während einer Probe zu Beethovens dritter *Leonoren*-Ouvertüre. Er saß damals am hintersten Pult. Die bekannte unisono-Passage für die ersten Geigen kam nicht zustande. »Toscanini machte es sich und uns dabei nicht leicht. Als wir sie immer und immer wieder spielten, wurden wir zusehends unruhiger. ›Vergogna! Das ist schlimm! Eine

Schande! Sie sind keine ersten Violinen! Keine zweiten violini! – Die letzten Violinen – tutti – Vergogna! Allein sollen Sie es für mich spielen!‹ Plötzlich brüllte er: ›Sie! Spielen Sie allein!‹ Ich schaute auf und sah sein zorniges Gesicht und seine Augen auf mich gerichtet. Ich zögerte, ungewiß, zu wem er wirklich schaute. ›S-i-e‹, schrie er. ›Das letzte Pult!‹ Das beseitigte jeden Zweifel. Ich hob meine Geige und den Bogen zur sichtbaren Erleichterung all jener, die um mich herum saßen und einen schrecklichen Moment lang glaubten, er deute auf sie. Die Stille, die sich aufs Orchester senkte, war gespannt wie bei einer Hinrichtung; jedermann hielt seinen Atem an, bis der Todessprung begann. Toscanini hob seinen Taktstock. Wie ich es anstellte, durch die Passage zu kommen, wird immer ein Geheimnis bleiben, denn meine Finger waren wie feuchte Schwämme und mein Bogen wog plötzlich eine Tonne. Ich war halbwegs durchgekommen, als er unterbrach, mich für einen Augenblick anstarrte, ein zweideutiges – oder vielleicht verächtliches ›Hummmmph!‹ schnarrte und ›Tutti!‹ rief. Seit jener Zeit fühlte ich eine immer tiefere Sympathie zu jedem Orchestermusiker, der unglücklicherweise im Vordergrund von Toscaninis spezieller persönlicher Aufmerksamkeit stand.«[70]

Trotzdem – die Musiker hielten zu ihm, nahmen seine Ausbrüche in Selbstdisziplin hin und ertrugen sie, weil sie sahen: Sie entsprangen seiner eigenen Demut, seiner aufrichtigen Liebe zur Musik.

Er hatte die Gabe, Zuneigung und Vertrauen zu erwecken, die Empfindungen blank zu putzen. Jeder, der unter ihm spielte, fühlte: Jetzt konnte er ein Künstler sein, jetzt zeigte sein Spiel, jede Note Ausdruck und Kraft, jetzt galt nur das Beste, was er geben konnte. »Das Musizieren wurde wieder zu einem heiligen Ruf. Man fühlte sich musikalisch wie neugeboren, man liebte die Musik aufs neue... Es war nicht nur Toscaninis Leistung, sondern auch die unsere, denn er war vor allem die Stimme unseres eigenen musikalischen Gewissens. Wenige Musiker gaben sich so wie er völlig und unerbittlich hohen Idealen hin, und wenige erfüllten die Musik mit so tiefem Gefühl, mit Haltung und Adel. Wir spielten mit Toscanini! Wir waren Musiker!«[71]

Toscaninis Probenarbeit wurde dann noch intensiver, wenn er die Musik wie etwa am Ende des Trauermarsches der *Eroica* besonders leidenschaftlich empfand. »Er duckte sich leicht und beugte sich ein wenig gegen uns, mit seinem Stock lediglich einen ruhigen, genau fließenden Schlag andeutend. Seine linke Hand hielt er auf der Höhe seines Gesichts, die gekrümmten Finger krampfhaft bewegend, wie wenn er jede Note, die wir spielten, anschlagen wollte. ›Weinen... weinen!‹ klagte er laut mit hoher, fast erstickter Stimme. Die wenigen Takte des Solos der ersten Violinen gegen das Ende des langsamen Satzes der *Eroica* wurden, so oft wir sie spielten, immer und immer wiederholt. Mit heiserer, tränenreicher, klagender Stimme sang er die Passage und dirigierte dazu. Das allerwichtigste der Welt war, daß wir dieses Gefühl zum Ausdruck bringen konnten. ›Sagen Sie etwas aus!‹ flehte er, an sein Herz greifend. Wir spielten das Stück durch. ›Non c'è male!‹ rief er, ›aber der Ton – so brutto! Suchen Sie den Ton – den Klang – Sie haben den richtigen auf Ihrem Instrument. Finden Sie ihn – auf dem Griffbrett – w-e-i-t weg... w-e-i-t weg... im Himmel... leidend!... l-e-i-d-e-n-d!‹« Jeder Musiker mußte sein ganzes Können, seine musikalische Vorstellungskraft zusammennehmen, um diese Forderungen in Töne zu übersetzen. »Der Klang, der schließlich hervorgebracht wurde, unterschied sich vom zuvor gespielten wie geläutertes Gold vom ursprünglichen Erz. Wir nickten einander zu, strahlten vor Zufriedenheit und konnten die Verwandlung fast nicht fassen.«[72]

»Musik bestand nicht länger mehr aus abstrakten

Noten; sie war das Symbol für all das, was uns bewegte und was wir fühlten. Eine Stelle wie die Einleitung zu Beethovens sechster Symphonie wurde immer und immer wieder gespielt, wenn je wir sie probten. Ich erinnere mich, daß wir über eine halbe Stunde nur bei den Anfangstakten verweilten. Kein anderer Dirigent stieß tiefer vor auf jenen Grund, auf den die musikalische Notation deutet. Ich werde mir immer als eine meiner schönsten Erinnerungen das Bild von Toscanini bewahren, wie er die Einleitung zur Pastoral-Symphonie sang: Ein verwandelter Mann, sein Gesicht erhoben, mit seinen Armen und Händen das Thema überaus anmutig und zart wiedergebend. Wenn wir spielten, war mir, wie wenn ich alleine spielte, als ob ich allein die Verantwortung tragen würde. Wie arbeiteten wir, um die Beziehung zwischen gebundenen und getrennten Noten ohne Betonung ausführen zu können, gerade mit dem richtigen fließenden Ton – der leichten Verzögerung der ersten Phrase – wie ein sanfter Seufzer, der seinen klaren Weg ohne Anstrengung und unvermeidbar bis zur fermate nimmt.«[73] Toscanini bestimmte die Musiker durch seine eigentümliche Anziehungskraft, die derart wirkte, daß sie sich selbst in Schwingungen ihrer Sinne versetzten, mit ihren Instrumenten. Diese pulsierende, unsichtbare und heftige Beziehung der Empfindungen zwischen ihnen war die stärkste Macht im Spielen der Kompositionen.

Diese Beobachtung treibt Antek noch einen Schritt voran: Weniger seine Aufführungen, die Konzerte und Opernabende, erweisen seine dirigentische Bedeutung – vielmehr die »ungeheure Kraft« und die Begeisterung, »die er seinem ›Instrument‹, den Musikern, eingab«, und »die Gewalt, die er über jene besaß, die unter ihm spielten«.[74]

Dies geschah eher in den Gefühlen der Musiker, als daß es von den Zuhörern wahrgenommen werden konnte. Die Klänge, die sie hervorbrachten, sollten für jene etwas ganz Bestimmtes bedeuten, »für uns aber waren sie unmittelbarer Widerhall, der Ausdruck von einem feinfühligen Etwas, das nicht mechanisch gemessen werden kann«[75] – also nicht abbildbar in Zahlen, kein ableitbares verbales Verstehen, sondern etwas, das sich real vollzieht, im Tun der Körper und Instrumente, in der Herstellung von musikalischen Ereignissen.

Ihre Seelen selber redeten, fanden ihre eigenen Worte, ihren Ausdruck in der Sprache der Musik, die durch sie lebendig wurde.

Antek kannte wohl nicht die Übertragung, jene psychische Tätigkeit, die Freud entdeckt hat, nicht deren Macht, zu erwecken und ins Licht des Bewußtseins zu rücken, was versteckt, verschwiegen und stumm geworden ist. Er hat sie aber präzise beschrieben – verwundert, erstaunt, immer wieder erlebt und als eine Freude.

Dabei erkennt er, der Musikmacher, fast nebenbei allerdings etwas, was vielleicht nicht in seinen Absichten lag, was aber zutrifft, und was Theodor W. Adorno auch schon früh bemerkte, der getreue und überaus genaue Musikhörer, für den die Erforschung der Musik eine lebendige, tönende Wissenschaft war, der in den Konzertsälen ebenso selbstverständlich zuhörte wie am Radio oder vor dem Schallplattenspieler. Unstrittig für ihn die Leistungen Toscaninis, der in seiner Arbeit die Schlampereien des Musikbetriebs überwand und Genauigkeit zum Standard in der musikalischen Darstellung machte, der vor ihm nicht zur musikalischen Kultur gehörte. Durch seine Sachlichkeit war er zeitgemäß und daher modern; und so konnte sein Stil klar, unbestechlich und luzide sein. Er war so recht ein Settembrini der Musik, »so wie er denn auch in seinen Überzeugungen, zumal in seiner Intransigenz dem Faschismus gegenüber, unverführbar und mit bewundernswerter Zivilcourage die Partei rationaler Humanität ergriff. Dabei war seine Sachlichkeit frei von Langeweile und asketischer Kargheit. Seine Aufführungen blitzten und funkelten, als wären sie verchromt; lückenlos fügten sich die Rädchen des Spielapparats ineinander, und ihr Abschnurren zauberte den Schein unausweichlicher Notwendigkeit hervor. Jeder Widerstand der Klangmaterie, jede Gefahr des Zufälligen und Unvorhergesehenen dünkte überwunden, und über alles hinweg trug das seiner selbst gewisse Temperament der italienischen Theatertradition.«[76]

In diesem Gestus des Beherrschenden verharrte Toscanini jedoch dauerhaft – das war Adorno recht bald fühlbar. Im Sommer 1934 saß er in Madonna di Campilio zusammen mit Hotelgästen, die andächtig der von Toscanini dirigierten Siebten Symphonie von Beethoven, die im Hörfunk übertragen wurde, lauschten. Das Medium, das Radio in seiner damals unzulänglichen technischen Ausstattung, analysierte selber noch einmal die reproduzierten Klänge; dem Höreindruck nach erschien die Musik flach, »leidend unter einem Mangel an Innenspannung – so als wäre mit der ersten Note die Musik bereits vorentschieden wie eine Grammophonplatte, anstatt zu entstehen; als gliche die Interpretation selber bereits ihrer mechanischen Übertragung... Spätere Aufführungen in New York, bei denen ich zugegen war, haben mir das bestätigt.«[77] »Wahre Interpretation von Musik aber verlangt stets eins: Wirf weg, damit Du gewinnst, und ihre Paradoxie ist es, dabei doch nicht sich wegwerfen zu dürfen – solche Paradoxie nimmt Toscanini nicht zur Kenntnis. Er kann nicht verweilen. Hinter seinem souveränen Habitus lauert die Angst, den Hörer auch nur eine Sekunde auszulassen, so daß er der Schau müde werde und flüchten könnte; ein gegenüber der Person verselbständigtes, institutionalisiertes Kassenideal, das sich selbst als unbeirrte Kraft der Befeuerung verkennt.«[78]

So sei Toscanini eben doch nur »der Theaterdirigent, der einmal im Kampf mit der Maschine nicht ermüdet und unterliegt, sondern sie sich zu Willen macht, um den Preis, ihr selber dabei ähnlich zu werden«.[79] Ein eigenartiger Reflex auf jene Tradition, auf die dieser Dirigent sein Tun gegründet hat: in seiner Arbeit ließe sich Verdi vergleichbar beschreiben; unablässig und beharrlich war er in seiner Absicht, den Opernhäusern seine Vorstellungen, wie seine Werke zu spielen seien, aufzuzwingen; das war zu seiner Zeit, da erforderlich, auch zeitgemäß. Hat Toscanini nicht allgemein für den Musikbetrieb das durchgesetzt, was Verdi begonnen hat – und auf diese Weise die musikalische Sprache seiner Zeit adäquat zum Ausdruck gebracht?

Erstaunlich ist die Koinzidenz in den Berichten der beiden Zeitzeugen. Auch Antek schreibt davon, daß die Schallplattenaufnahmen, die Dokumente der Arbeit mit diesem Dirigenten, ihm »fast immer unfruchtbar und abgedroschen«[80] erschienen, da sie seine erinnerten musikalischen Erfahrungen nicht wiedergeben würden. Selbst die abendlichen Aufführungen reichten nicht an das Ideal heran, das den Musikern bei den Proben vorschweben konnte. »Bei den Konzerten war Toscanini unverändert angespannt und beherrscht; er glich eher einem Aristokraten als dem Bauer, der er in den Proben war. Diese Verwandlung wirkte sich immer auf das Verhalten des Orchesters aus. Seine Spannung fühlend, wurden auch die Musiker gespannt und nervös und konnten dadurch oft nicht ihr Bestes geben. Unsere vollkommensten Leistungen erreichten wir oft bei den Proben. Manchmal waren die Musiker nach einer Aufführung fast untröstlich, so großartig diese auch vom Publikum aufgenommen sein mochte. ›Zu schlecht‹, sagten wir, wenn wir uns im Ankleidezimmer trafen. ›Hoffen wir, daß der Old Man nicht zu böse sein wird.‹«[81]

Beide, Antek wie Adorno, Musiker wie Hörer, erkennen, daß Toscanini in seinem Enthusiasmus, in seiner Liebe zur Musik, an der sich sein Wille entzündete, in dem, was er wollte, im Konzertsaal oder auf der Tonkonserve oft nicht das wirklich werden konnte, was sein Wille doch auszudrücken schien.

Alle Anstrengungen seines großen Zorns, der deswegen immer wieder entflammte, weisen wohl auf etwas, das verlorengegangen war, auf etwas Unwiederbringliches, das von ihm beschworen wurde, heftig, fordernd und das sich doch so sehr entzog, immer wieder, so daß das Mechanische des Handwerks Übermacht bekam. Verdis Vermächtnis bewahrend erhielt es sich ihm lediglich in der Begeisterung an der absichtsvollen Perfektion. Was ist da geschehen?

Ist das Beispiel des anderen berühmten Dirigenten, der auf seine Weise die musikalischen Gedanken des Jahrhunderts repräsentiert, diesen schmerzlichen künstlerischen Erfahrungen nicht doch näher, als es zunächst den Anschein hat?

Über Wilhelm Furtwänglers Arbeitsweise in den Proben gibt Werner Thärichen, viele Jahre Solopauker des Berliner Philharmonischen Orchesters, einen Bericht, der etwas ganz anderes zeigt. Furtwängler war wortkarg, fast stumm, nur sein Körper, seine Hände redeten, und wie: wie eindringlich und heftig. »So konnte er dem Orchester sagen: ›Meine Herren, ich weiß, Sie haben die Symphonie hundertmal gespielt, aber das darf doch niemand merken!‹ Er schaute dabei werbend in die Runde und zeigte uns dann seine linke Hand. Was konnte diese Hand nicht alles ausdrücken! Die Finger und das Handgelenk, aber auch der Unter- und Oberarm hatten unendlich viele Möglichkeiten des Ausdrucks. Beim Musizieren verloren Taktstriche ihre Bedeutung. Wer wollte noch auf Tempoangaben verweisen? Ganz fern war alles Erlernbare, und doch konnte man nicht intensiver in die Vorstellungswelt des Komponisten eindringen. Kontraste und zarteste Nuancierungen liebte er besonders und kostete sie mit der linken Hand aus, während die rechte die Verantwortung für Zeitmaß und formalen Ablauf trug. Aber selbst der Schlag der rechten Hand durfte nicht so eindeutig sein, daß sich die Musiker hätten zurücklehnen können, um unbekümmert und unbeschwert zu spielen. Diese bizarren Einsätze mit vielfachem Nachfedern forderten besondere Konzentration aller Beteiligten. Furtwängler befürchtete, daß die Einsätze hart und kalt kämen, wenn er nur herunterschlagen und das Orchester ihm präzise folgen würde. Sein Klang brauchte die Vorbereitung, nicht die Überraschung und auch nicht die Kraft, sondern Schwere, Fülle und Wärme.

Nichts durfte gewollt erscheinen. Er konnte Tempi und Dynamik verändern wie kein anderer. Aber niemand wäre auf die Idee gekommen, zu messen, um wieviel dieser Teil oder auch nur dieser Takt schneller oder langsamer, lauter oder leiser geworden wäre. Nicht messen und erklären, sondern erleben und fühlen. Verbal ließ sich das Gewünschte auch kaum fordern. Oft brach er in den Proben ab, sagte nichts, wiederholte, die Körpersprache genügte. Er konnte mehr damit ausdrücken, als Worte hätten sagen können. Oder er gab etwas kaum Verständliches von sich: ›Allmählich nicht langsamer werden!‹ Nichts sollte herbeigeredet werden, es sollte nur geschehen, was unausgesprochen von allen nachvollzogen werden konnte.«[82]

So schien, was da geschah, einfach, überwältigend. Dabei wäre, was hier beschrieben ist, nichts ohne das analysierende Studium der Partitur, das Furtwängler immer wieder aufs genaueste betrieb, und in dem er seine gestaltenden Gedanken so prägnant durcharbeitete, daß sie ohne Worte verständlich und deshalb zu einem überzeugenden Ausdruck seiner Gestik wurden. Darin lag die suggestive Macht: was im Augenblick durch ihn, durch die Musiker entstand, war mitzufühlen, zu erleben, jetzt, von allen Empfindungsfasern zu spüren: der Moment in seiner Ewigkeit.

Zum ersten Mal saß Thärichen an seinen Pauken 1947 in einer Aufführung von *Tristan und Isolde* Furtwängler gegenüber: »Den ersten Niederschlag seines Taktstockes werde ich nie vergessen. Das Vorspiel beginnt mit einem Auftakt der Celli. Ganz langsam ließ Furtwängler seinen rechten Arm sinken. Ich war in großer Spannung, denn wie sollte bei dieser Zeichengebung jemand einsetzen können? Ich wartete – und konnte den Zeitpunkt nicht ausmachen, als sich aus dem Nichts plötzlich ein unendlich intensiver warmer und tragender Cello-Ton entwickelte. Und dann der allmähliche Aufbau und die Steigerungen! Am Höhepunkt des Vorspiels gab es für mich an den Pauken zwei Takte Crescendo-Tremolo. Ich hatte nicht geahnt, daß zwei Takte so lang sein können. Wie lange mußte ich mit dem befreienden Abschlag warten! Der Klang des Akkordes, der den Höhepunkt markierte, brach mit einer Erschütterung über uns herein, die allein durch Lautstärke nicht erklärbar ist. Furtwängler war rückwärts geneigt, als hätte er Mühe, die Wogen des Klanges, die er selbst hervorrief, aufzunehmen.

Jeder Musiker weiß von dem Problem, bei Furtwängler den Eröffnungsakkord gemeinsam zu beginnen. Mitten im Spielen war die Schwierigkeit des Zusammenbleibens nicht geringer, wenn Furtwängler das Zeitmaß dehnte, um auf ›seinen‹ Klang zu warten. Am Ende der Crescendo-Takte war ich an den Pauken so laut, daß ich vom übrigen Orchester nichts mehr hörte, woran ich mich hätte orientieren können. Furtwängler hatte endlich niedergeschlagen, doch nicht mit einem einzigen Schlag, sondern mit einer Vielfalt von vorbereitenden Aufforderungen, die mich und alle Mitwirkenden gezwungen hatten, den Zeitpunkt des vereinenden Akkords selbst herauszuspüren. Während andere Musiker einen Ton zu spielen haben, steht dem Pauker nur der Bruchteil einer Sekunde für seinen Schlag zur Verfügung. Die Anforderungen an die Konzentration waren beispiellos.

Und dann der Abstieg nach solchem Höhepunkt!

Das war alles andere als ein Abbau oder Leiserwerden. Im Gegenteil: Es war ein ergreifendes Festhalten an einem großen Erlebnis. Er hielt die linke Hand geöffnet, als würde er uns eine große Kostbarkeit vor Augen führen, und daran hielt er fest, auch wenn in der Partitur ein Diminuendo stand und die Instrumentierung immer dünner wurde. Er wollte seinen Klang nicht hergeben und steigerte die Intensität des Musizierens selbst im Leiserwerden. Wieviel Musik nach dem Vorangegangenen dann noch in der anschließenden Generalpause wahrgenommen werden konnte, so daß ich nicht mehr zu atmen wagte und die Haut feucht wurde, das war trotz mehrjähriger Erfahrung in großen Orchestern völlig neu für mich. In Gesprächen mit Kollegen stellte ich fest, daß sie sich ähnlichen Empfindungen nicht hatten entziehen können. Während der Aufführung gab es nicht einen Takt, der aus dieser Intensität herausfiel. Nach mehreren Stunden Wagner hatte ich das Gefühl einer seligen Erschöpfung. Ich war an einer großartigen Leistung beteiligt gewesen.«[83]

Diese Wirkung der Musik auf das lustvolle Erleben des Körpers, den die Klänge in erregte Schwingung versetzen, war ein Können, das dem Dirigenten von Beginn an verfügbar war. »Ich selbst habe«, so schreibt Theodor W. Adorno, und wie tief reicht sein Hörgedächtnis, »meine erste Erinnerung an Furtwängler aus meiner frühesten Jugend – ich war 16 Jahre alt. Mein damaliger Kompositionslehrer Bernhard Sekles sagte mir, ich müsse unbedingt am Abend den *Tristan* besuchen; ein junger Kapellmeister aus Mannheim, Wilhelm Furtwängler, dirigiere, und so etwas hätte es noch nicht gegeben.

Ich war völlig überwältigt; vielleicht darf ich hinzufügen, daß Furtwängler zu dieser Zeit keineswegs berühmt war. Die beseelende Kraft seines Dirigierens ist bis in die letzte motivische Verästelung der Musik gedrungen, es gab keine tote Note.«[84] Da besteht doch eine Übereinstimmung in der Empfindung des Klangerlebnisses. Pauker wie Kompositionsschüler erfuhren an sich selbst, was es hieß, wenn jeder Takt von Intensität durchdrungen war, wenn also jede klangliche Bewegung, jeder Rhythmus lebendig wurde.

Darin besteht auch heute Furtwänglers Aktualität: er besaß »das Organ für musikalischen Sinn«[85]. Sein Dirigieren brachte das zum Ausdruck, was die Musik hervorrufen kann: heftige, zarte, bestürzende, freudige Gefühle – im Moment ihres Fühlens konnte er sie bedeutend machen, indem er den Atem der Musik mit dem Atmen der Seele verband. Die Idee Furtwänglers, die sich nicht seinen Absichten gemäß, sondern durch sein musikalisches Handeln hindurch verwirklichte, war die Rettung eines bereits Verlorenen; es kam ihm darauf an, »dem Interpretieren das wiederzugewinnen, was es im Augenblick des Verblassens verbindlicher Tradition einzubüßen begann. Dies Rettende verlieh ihm etwas von der übermäßigen Anstrengung einer Beschwörung, der das, was sie sucht, rein unmittelbar schon nicht mehr gegenwärtig ist.«[86]

Beide, Furtwängler wie Toscanini, waren ihrer eigenen Zeit gegenüber unzeitgemäß; beide beschworen etwas, was vergangen war; beide riefen etwas wach, immer wieder, leidenschaftlich, begehrend, bittend, flehentlich, was unter der Drohung stand, ins Vergessene zu driften, was sie in die Gegenwart zurückholten, was sie retten, bewußt machen wollten, unbedingt, bedingungslos. Was war es?

1937 trafen sich Furtwängler und Toscanini in Salzburg, wo sie Konzerte gaben, auf der Straße – andere Gelegenheiten der Zusammenkunft hatte der Italiener verweigert – und kamen in ein kurzes Gespräch. Es sei für einen verantwortungsvollen Künstler heute nicht möglich, zugleich in einer Diktatur und in einem freien Land (damals war

Österreich noch nicht Teil des Dritten Reiches) zu dirigieren. Als Toscanini so begann, entgegnete ihm Furtwängler, der ständig in Berlin tätig war, und ebenso in Wien wie in Oslo und Paris gastierte, es gebe für Musiker keinen Unterschied. »Die Menschen sind überall frei, wo Wagner und Beethoven gespielt werden, und wenn sie es nicht sind, werden sie es beim Anhören dieser Werke.« Die Musik entführe die Zuhörer in Gefilde, in denen die Gestapo ihnen nichts anhaben könne.

Toscanini sagte nichts dazu. Er sei ein Gegner Hitlers, erklärte Furtwängler, die große deutsche Musik mache ihn dazu, denn ihr Geist sei der stärkste Widerpart gegen den Ungeist und gegen die Seelenlosigkeit der deutschen Nationalsozialisten. Toscanini hatte nur eine Antwort: »Jeder, der im Dritten Reich dirigiert, ist ein Nazi.«

Furtwängler stellte sich gegen diese Behauptung. Dann sei doch Kunst nichts anderes als Propaganda für eine Partei, die gerade die Macht habe; aber die Kunst gehöre doch in eine andere Welt, eine jenseits derer, die Gewalt ausüben.

Das war Toscaninis Meinung nicht.[87]

Und dennoch: Beide wußten, was sie sagten, beide wußten, was sie taten, beide waren sich ihrer Zeit politisch bewußt. Es war die Zeit der Politik der deutschen Nationalsozialisten. Diese begehrten die absolute Entmächtigung und Entmündigung der Menschen in Deutschland. Von diesem Land sollte sich der Haß ausbreiten, der Haß auf die Menschenrechte, die in Deutschland, anders als in Italien, nach der gescheiterten Revolution von 1848 zu Boden fielen, getreten, mißhandelt, verhöhnt. Der Geist, der Freiheit will, Gleichheit und Brüderlichkeit, sollte vernichtet werden; an seiner Statt sollten Gehorsam, Hörigkeit und Ungleichheit allein mächtig sein.[88]

Wie viele Menschen hat Toscanini unterstützt, wie viele hat Furtwängler geschützt – das war ihre politische Verantwortung, ihr Mut zur Entscheidung, in der Würde der Entrechteten auch die eigene zu achten. Aber dieses Tun traf noch nicht ihre Kunst; es war doch selbstverständlich, wie für andere auch, die, die mit dem Tod bedroht wurden, zu schützen. Da gab es zwischen ihnen und anderen, die sich vor sich selber nicht schämen wollten, und deshalb menschlich waren, keinen Unterschied. Darin waren sie nur zwei von vielen, die denen, die Verfolgung erlitten, halfen. Sie konnten aber, anders als jene, für viele sprechen, mit und durch ihre Kunst.

Ihre Kunst war: zu retten, was zerstört werden sollte. Darin waren beide Dirigenten gleich. Sie wußten, daß die Politik der Nazis ihre Kunst angriff. Ihre Kunst, die darin bestand, die Einheit, die durch das Wechselgespräch der musikerzeugenden und musikempfangenden Menschen entsteht, zu bewahren und zu erneuern. Der Geist der Musik, der sich so verwirklicht, ist Brüderlichkeit, Nächstenliebe, Fernstenliebe, Liebe zu den Anderen, den nächsten und den fernsten. Der Gewalt des diese Einheit zerreißenden Hasses standzuhalten, um den Preis des eigenen Lebens und der eigenen Kunst, der Hörigkeit der Abhängigen das Hören der Mündigen entgegenzusetzen – das war ihrer beider Frage, die sie damals verhandelten, im Bewußtsein ihres Ruhms, der eine ästhetische Macht darstellte. Wie handeln, daß die Klänge, die die Menschen miteinander fühlen ließen, erhalten blieben?

Toscanini, der in seiner Arbeit begeistert wütete, und aus seinen Musikern die wirksamsten Tonfolgen herausriß, glühend, leidenschaftlich, singend, fluchend; der die Musik durch die Genauigkeit des Machens der Musik nicht verloren geben wollte, der sie dadurch rettete; denn das Genaue, das Konkrete ist lebendig, ist das, was gehört wird, vom Ohr und vom Körper aufgenommen, für wahr gehalten wird. Es kann deshalb nicht ganz vergessen werden.

Hatte Furtwängler aber unrecht? Hat er sich über sich

selbst getäuscht? Er hat die Musik, die die Seelen befreien kann, in Gegenwart derer, die das Morden befahlen, gespielt. Und hat er sie deshalb verraten? In der Philharmonie saßen nicht nur Mörder.

Furtwängler, der seine Zuhörer nicht der verbrecherischen deutschen Politik preisgeben wollte, ihnen durch die Ansprüche auf Menschlichkeit, die die Werke der Musik in ihnen erwecken sollte, ihre Würde wiedergeben wollte, rettete dadurch sein Publikum: Es vergaß nicht ganz, was Leben heißt.

Das war grandios naiv; das war eine Politik der Wahrhaftigkeit der Gefühle. Und deshalb kein Verrat an ihrer künstlerischen Arbeit, kein Verrat des Leidens, das in die Herzen eingesenkt ist. Deshalb sind beide Musiker ein Beispiel dafür, wie Künstler ihr Tun selbst bestimmen können.

Den Dirigenten heute, vertraue ich meiner Hörerfahrung, ist dies wohlvertraut: Sie kennen die Perfektion, die zum Zwang wird, weil anders, so der Irrglaube, keine Präzision zustande kommt, die aber zu tonlosen Klängen, aussagelosem Musizieren führt. Und sie schweigen vor einem Publikum, das erwartet, daß es in seinen Erwartungen und träumerischen Wünschen gehört wird – aber so lebt keine Beziehung; so wird sie nicht geknüpft.

Wer aber der politischen Einsicht zur Verantwortung, der Einsicht zur Brüderlichkeit vertraut, kann es erleben: Die Kraft der Tonkunst zur obsiegenden Verführung der Sinne, die hinter Taubheit, Stummheit, Blindheit, Geschmacklosigkeit, Stumpfheit versteckt nur warten, daß sie zur Schärfung der Wahrnehmung aufgerufen werden. Heute. Morgen. Immer wieder.

Sechstes Kapitel

Am Abend

Alles, was ist, kann auch anders sein.
Umkehrung: Nur das ist, was auch anders sein kann.
Ludwig Wittgenstein: Notate

Kommunizieren

»Die Improvisation ist in Wahrheit die Grundform allen wirklichen Musizierens; frei in den Raum hinausschwingend, als einmaliges wahrhaftiges Ereignis entsteht das Werk, gleichsam Abbild eines seelischen Geschehens. Dieses seelische Geschehen, als ein organisch-selbsttätiger Prozeß, kann nicht gewollt, erzwungen, nicht auf logische Weise erdacht, errechnet oder irgendwie zusammengesetzt werden. Es hat seine eigene Logik.«[89]

Denn was geschieht an einem Konzertabend, an einem Opernabend? Er ist ein optisch-akustisches Ereignis. Nicht nur werden Töne vom Orchester und bewegte Bilder von der Bühne ausgesendet, um von den im Saale Sitzenden aufgenommen zu werden – diese reagieren auch, nicht passiv, sondern sehr aktiv.

Bilder, Handlungen, Gesänge, Musik erzeugen ein psychisches Erleben bei allen Anwesenden, das antwortet, und das ins Spiel der Agierenden, der Singenden und Instrumentalisten wie in die Bewegungen des Dirigenten aufgenommen wird, und diese wiederum veranlaßt zu antworten; ein sich gegenseitiges Voran- und Weitertreiben im hörenden Machen und machenden Hören der Musik – also ein Wechselwirkungsverhältnis, das zwischen den Beteiligten diesseits und jenseits des Podiums, der Bühne entsteht, immer wieder neu, aktiv, gebend, nehmend, atmend, gestaltend: lebendig.

Vermittels der Sprache der Musik sprechen die Körper der Sänger, der Musiker, des Dirigenten und des Publikums miteinander; sie wandeln sich und werden zu Musik, werden selber klanglich. Ihre inneren Körper, die Gefühle, Sinne, Träume und Wünsche geraten in Schwingung miteinander, tauschen sich im denkenden und fühlenden Erzeugen wie im fühlenden und denkenden Hören und Sehen der Handlungen und Klänge aus, ein räumliches, im Raum geschehendes Erleben – das alle miteinander teilen.

Klangsprache und Körpersprache produzieren Resonanz zwischen den Körpern. Durch Resonanz wird psychokinetische Energie übertragen; es entsteht ein Kraftfeld im Raum, zwischen denen, die dort versammelt sind, allen fühlbar, dem Pauker ebenso wie der Dame im dritten Rang. Sie empfinden sich gegenseitig, fühlen sich ebenbürtig. Jeder ist liebend und frei. Diese Kommunikation kann sich an einem Abend ereignen, wenn das Glück, der Geist der Musik, das kindliche Staunen ob des Wunders, daß dies passieren kann, sich einstellt.

Diese Klangenergie in Wechselwirkung ist Liebesenergie, erlebtes Mitgefühl mit dem Anderen, ist wirkende, wirkliche Empathie, ein ungeheuerliches Vermögen, das bedrohlich ist, weil es Unabhängigkeit ergibt: Ich bin mir meiner selbst bewußt, da ich dich erfahre – also durch Liebe bin ich, bist du: ich bin durch dich, du bist durch mich. Dieser sich in diese Zweiheit treibenden Einheit eingedenk zu sein – das ist sinnliches Selbstbewußtsein, Bewußtwerden der Sinne und der eigenen Gefühle, der guten wie der schlechten.

Komponieren

Ein Kraftfeld im Raum – dessen Vorstellung zuerst im Körper des Komponisten entsteht, in seinem Denken, einem vorweggenommenen Dialog mit den Musikern, mit dem Publikum – ist nichts nur für sich selbst: »Ein musikalisches Konzept, in dem jeder Tonpunkt in sich hermetisch geschlossen ist, entspricht einem Denken, das mir«, so beschreibt Luigi Nono sich selber, »völlig fremd ist. Das würde ja, auf den Alltag übertragen, bedeuten, daß jeder

Mensch sich selbst genug sei und nur darauf ausgehen müsse, in sich selbst sich zu realisieren. Für mich stand aber immer schon fest, daß ein Mensch sich ausschließlich in seinen Beziehungen zu den Mitmenschen und der Gesellschaft realisieren kann... Es kommt beispielsweise nicht so sehr auf die Tonhöhen an als auf die Intervalle, die Beziehungen zu den umliegenden musikalischen Figuren. Und diese Beziehungen erschöpfen sich nicht einmal in dem, was man so vertikal und horizontal nennt, sondern sie ergreifen alle Schichten des Komponierten – wie ein Netz, das sich in alle Richtungen spannt.«[90]

Übertragen auf den emanzipierten Bürger heißt das: Er denkt und handelt nicht egozentrisch, sondern in lebendigen und wirkenden Beziehungen; eine gegenwartsnahe Art, sich und die anderen Menschen zu verstehen, sie anzuerkennen, weil sie für einen selber wie er selber für die andern nötig ist; notwendig also, die Liebe zueinander anzuerkennen, um das eigene autonome Leben führen zu können; notwendig die Kultur, die diese Beziehungen begreifbar macht.

Übertragen auf das Erfinden, auf das Erzeugen von Musik heißt das für Nono, frei zu sein, um *hören* zu können. Beispielsweise Gidon Kremer, der von ihrer Zusammenarbeit im Freiburger Tonstudio berichtet: Der Komponist ließ ihn einfach spielen, drei, vier, fünf Stunden pro Tag. »Ich sollte alles zu Klang bringen, was ich wollte. Wir hatten nur verabredet, die mir vertrauten Werke möglichst zu meiden. Das Verfahren hatte mit Improvisieren zu tun, und gerade das habe ich hier gelernt. Ich spielte also Töne und suchte nach einer möglichen Verbindlichkeit in ihnen. Nur selten sprach mich Nono an. Er selber befand sich ständig in Bewegung, lief vom Studio in den Abhörraum und zurück. Hie und da bat er mich um eine besondere Art der Klangerzeugung, beispielsweise ganz nah am Steg zu spielen oder ein siebenfaches *piano* zu produzieren.

Genauso wichtig waren ihm die sehr, sehr langen Töne, wie sie mir aus Partituren kaum bekannt waren. Die Stille überließ er mir.

Ich bewegte mich mit der Geige im Raum oder blieb stehen, erinnerte mich an vergangene Klänge, oder suchte nach neuen.«[91]

Eine außergewöhnliche Arbeitserfahrung für Kremer, der zunächst annahm, der Komponist wolle ihn auf diese Weise kennenlernen. Als beide in Berlin, wo das Werk aufgeführt werden sollte, zusammentrafen – Kremer nur mit seinem Vertrauen zu Nono im Reisegepäck, jedoch ohne Noten – spielte ihm dieser ein Band vor, auf dem seine Klangsuche zum Bestandteil der neuen Komposition geworden war. »›Und hier, hörst du? Das ist die *Krach-Spur* und das ist *Gidon elektronisch verstärkt* und hier vervielfältigt tausend *Gidons*. Das Band war faszinierend. Nono mit seiner eigenartigen Klangvorstellung erhörte mich auf die unerwartetste Art.« Als Kremer ihn aber noch nach der versprochenen Solo-Stimme fragte, zeigte Nono nur verlegen einen Fetzen Papier: Hier eine Zeile, da vier Takte, er versprach aber, des Nachts würde er alles aufschreiben, was er schon vor Augen und Ohren habe.

Ein Werk zu interpretieren, das noch in keiner Niederschrift vorlag, diese Aufgabe ließ Kremer nicht unberührt und forderte ihn zugleich heraus. Er wußte, da arbeitete ein Freund. Als er am nächsten Morgen bei ihm eintraf, wurde er mit einem müden Blick und zwei Notenblättern begrüßt. »Meine Stimme überraschte von Anfang an mit einer Unmenge an Pausen, Pianissimi, an sehr hohen Klängen, durch Forderung extremster Artikulation und Bogenführung ›con crini, senza vibrato, suoni mobili‹ – eine Unzahl an Bezeichnungen dominierte das Autograph.« Gleichzeitig arbeiteten beide, übte der eine, komponierte der andere weiter. »Nur sehr langsam kam ich mit dem Herausfinden der Tonhöhen und dem Festlegen der Fingersätze zurecht. Als nächstes folgte der Kampf mit dem Rhythmus. Die endlosen Pausen, die angegebenen Sekunden, die vielen Fermaten, die kurzen Notenwerte und deren mühsam zu entziffernden Notierungen erschwerten das Lesen ungemein. Als ich mit all dem und mit der Hilfe eines Bleistifts zu einem Ende gekommen war, erschien Nono mit den nächsten zwei Seiten. Noch immer gab er nicht bekannt, wie lang das Werk sein würde. Ich fragte mich, ob er es wußte.

Um 12 Uhr ging Nono die Tinte aus. Er stieg auf Kugelschreiber um. Die Partitur wurde damit noch schwerer lesbar, die Spannung wuchs.«

Abends kamen sie zur Probe im Kammermusiksaal zusammen. Nono saß am Mischpult, ließ das Band laufen und verlangte Kremers Mitarbeit. »Es ist keine Übertreibung, wenn ich sage: mein Spiel war immer noch ein Notenlesen mit der Geige.«

Neun große Seiten Solotext ergaben die Frage: wo und wie sie umblättern? Nono verlangte eine Schere, die Noten wurden in sechs Fragmente zerschnitten. Die Live-Elektronik sollte mit der Geige an verschiedenen Orten des Saales kommunizieren: Tonband und Spieler miteinander im Dialog sein. Die Lautsprecher, im ganzen Saal verteilt, ließen den Klang im Raum spazierengehen.

Hören

FRITHJOF HAGER: Ich habe dieses Konzert gehört; wir hatten die Plätze eingenommen, Nono saß an seinen Apparaturen, der Saal verdunkelte sich, ich erinnere mich, wie Nono mit vibrierender, rauher und gebrochener Stimme rief: »Warum haben sie das getan, die Juden getötet? Und in Berlin gesagt, daß man es tun soll? Warum?«

Dann begann das Konzert. So begann das Konzert mit der Benennung der entsetzlichsten aller Antiutopien des 20. Jahrhunderts, die alle anderen Träume zerreißen und zerfressen wollte. *Ricorda cosa ti hanno fatto in Auschwitz. Für vierkanaliges Tonband aus der Musik zur »Ermittlung« von Peter Weiss.* Erinnere dich, was sie dir in Auschwitz angetan haben.

Wir alle schwiegen.

CLAUDIO ABBADO: In den letzten Jahren ihres Lebens, sie litt an ihrem Alter und an Krankheiten, beschäftigte sich meine Mutter immer wieder mit der Musik von Luigi Nono. Sie versuchte sie zu hören und zu verstehen, sie hatte ihn oft befragt. Das Publikum dieses Konzertes wußte nichts davon, daß Nono in der Pause gehen und seine neue Komposition nicht aufführen wollte. Wir standen vor seinem Zimmer. Ulrich Eckhardt bat mich, mit ihm zu sprechen. Als Luigi Nono und ich allein waren, habe ich ihm gesagt, daß dieses Publikum in diesem Saal auf ihn und sein neues Stück wartet; mehr konnte ich nicht tun, aber er verstand sofort. Später hat er mir gesagt: »Weißt du, in dem Moment, als du zu mir gesprochen hast, habe ich gedacht: ich höre deine Stimme, aber es war deine Mutter, die zu mir gesprochen hat. Deshalb sollte das neue Stück gespielt werden.«

Gidon Kremer ging, Geige spielend, auf dem großen Umgang, der in der Mitte der Sitzreihen liegt, entlang, von Notenpult zu Notenpult. Der Titel des Stücks: *La Lontananza nostalgica utopica futura. Madrigale per più ›caminantes‹ con Gidon Kremer.* – Die nostalgisch-utopische Zukunft. Madrigal für mehr Wanderer mit Gidon Kremer – erhielt so seine praktische Bedeutung: Was die Komposition bewegte, die Suche in der Weite der Zeit, brachte auch den Solisten auf den Weg. »Nono überraschte mich hie und da mit der Aussteuerung des Bandes, die sein von ihm als Bedürfnis betontes Stille-Gefühl vergessen ließ. Dagegen war nichts einzuwenden – er saß am Mischpult und es war sein Werk. Unser Gespräch bekam dabei sein eigenes Vokabular, das für gegenseitige Impulse sorgte. Es entstand das Gefühl eines Duos. Die Premiere gelang. Nono hatte, jeden vulgären oder bekannten Ton meidend, eine nie gehörte Musik geschaffen.«

In diesem Werk war der Gesang der Violine ganz nah der menschlichen Stimme, dem umfassendsten Instrument von allen: »frei oder befreit von jeder a priori- oder künstlichen Tonleiter, außerordentlich in ihrem großen technischen, phonetischen und semantischen Reichtum«[92] – dieses Mal hat sie Nono vom Entsetzen der Tonlosigkeit, der Wortlosigkeit freigemacht. Zu seiner Musik zurückgebracht. Zur Hörbarmachung seiner Gedanken.

»Ich arbeite immer in drei Stufen. Zuerst wähle ich das Material, das intervallische, das klangliche, das rhythmische. Dann experimentiere ich mit diesem Material, unterziehe es vielleicht auch verschiedenen prädeterminierenden Prozessen, aber nur um zu sehen, in welche Richtung es sich entwickeln könnte. Und dann komponiere ich, leite also aus dem Material und den ihm einbeschriebenen Möglichkeiten eine ihm gemäße Form ab.

Dabei ist für mich das Komponieren nie bloß die Konkretisierung von vorgeformten Strukturen. Stets spielen improvisatorische Momente mit, ich halte mir die Entscheidungen bis zum letzten Augenblick offen.«[93]

Interpretieren, Machen

CLAUDIO ABBADO: Das gehört auch zum Interpretieren: Die Möglichkeiten, die in der Form enthalten sind, zu entdecken, in jeder Musik, der modernen, der klassischen. Die lebendige Zeit finden. Einmal ist etwas passiert – daß so etwas geschehen kann, hätte ich nie gedacht: Zuhause, auf dem alten Grammophon, habe ich als Kind die alten 78er-Schellackplatten gespielt: ein Mozart-Violinkonzert mit Menuhin, die Krönungsszene aus *Boris Godunow,* die *Coriolan*-Ouvertüre von Beethoven mit Mengelberg. Diese Schallplatten habe ich tausendmal gehört, weil wir nur diese hatten. Später konnten wir auch – ich spreche immer noch von den 78er-Platten – ein Klavierkonzert von Ravel mit Marguerite Lang und Musik von Verdi und Puccini abspielen.

Dieses Violinkonzert von Mozart gehört nicht zu seinen bekanntesten; lange Jahre hat man behauptet, es sei auch nicht von ihm. Vor einiger Zeit habe ich das Stück mit einem jungen Geiger, er heißt Zadek Jurek, aufgenommen und dabei überlegt, es sei doch interessant zu überprüfen, was Menuhin aus dieser Musik gemacht hat, damals, denn da war er etwa im gleichen Alter wie dieser junge Geiger, gerade 17 Jahre alt. Ich habe eine Kopie der alten Aufnahme erhalten. Und in dem Moment, in dem ich die DAT-Kassette hörte, kam meine Erinnerung zurück, die sehr stark war: die Erinnerung an einen Duft, an den Duft dieser alten Maschine! Wie kommt das, daß dieses Parfum, dieser Duft plötzlich da ist? Dieser Geruch von Holz, von diesem alten Stoff, dem *veluto,* dem Samt. Es war zur Zeit des Krieges, ich war neun oder zehn Jahre alt.

Alles war sehr klar gespielt, genau wie ich es in Erinnerung behalten hatte, ein bißchen zu romantisch für diese Zeit, aber mit einem sehr schönen Ton. Menuhin war damals noch ein Wunderkind, ein großes Talent.

FRITHJOF HAGER: Die elektronische Aufzeichnung bringt die sinnliche Erinnerung zurück.

CLAUDIO ABBADO: Die Leben einer vergangenen Zeit, durch die eine andere Zeit entstehen kann. Denken Sie an die Gemälde von Vermeer, an das Bild »Das Mädchen mit den Perlen«, an das Licht, das auf ihr Gesicht fällt, an den Kontrast von Blau und Gold. Da ist die Zeit zum Augenblick geworden, der andauert.

Dahin komme ich nur auf einem Weg, den ich vorher nicht kenne. Ich beginne ein neues Werk, indem ich die Partitur lese, wie man ein Buch liest, von Anfang bis Ende, und ich versuche dabei schon den Formenaufbau zu hören und dessen Klang. Aber dann fangen viele Probleme an.

Bei der Einstudierung der Neunten Symphonie von Beethoven habe ich zuerst die Aufnahme von Furtwängler mit den Berliner Philharmonikern gehört – für mich eine der größten, schönsten und besten Interpretationen –, wo etwa der langsame Satz so, wie ihn Wagner beschrieb, gespielt wurde: in der gleichen Besetzung der Stimmen und sehr romantisch.

Heute gibt es viele Musikologen, auch viele Dirigenten, die Beethoven eher in einer barocken Interpretation spielen. Alle wissen, daß Beethoven von Haydn kommt, und daß Mozart für ihn sehr bedeutsam war. Aber wenn man versucht, seine Welt objektiv zu betrachten, dann ist eine Interpretation à la Haydn ebenso falsch wie eine Interpretation à la Wagner. Ideal – und das ist die Schwierigkeit – ist: nur Beethoven. Man sollte beide Interpretationen kennen, die Haydn-Interpretation, die Wagner-Interpretation, oder eine von Furtwängler oder eine von den Dirigenten, die heute historisierend interpretieren, was ich nicht richtig finde.

Wir schauten auch sehr viele Manuskripte an, von der ersten Fassung bis zur Fassung für die Uraufführung. Es gibt viele Korrekturen, aber man sollte sich diese genau anschauen, weil sie oft unvermeidlich sind, weil es Fehler gab, Druckfehler oder Kopistenfehler. Oft glaubten die Kopisten, wenn etwas so oder so geschrieben ist, dann muß es auch immer wieder so übertragen werden, auch da, wo bereits Beethoven selber klare Angaben macht.

Dann gibt es zum Beispiel einen kleinen Fehler von Beethoven. Hatte er da zu schnell geschrieben und dabei einen Fehler gemacht, wie man das oft bei Komponisten findet? Es ist nur eine Note im ersten Satz. Heute sagen alle, nein, das war so gedruckt im Manuskript in der ersten Fassung: aber diese Note dann später 1850, 60 in einer neuen Ausgabe zu ändern, das war ein Fehler. Von allen großen Interpreten hört man aber immer wieder diese Note. Sie haben recht daran getan, nicht nur weil Beethoven diese vier Takte siebenmal mit dieser Quarte so geschrieben hat, er hat selbst am Anfang zu diesen vier Takten gleich noch vier Takte mit kleinen Variationen dieser Musik geschrieben, kleine Variationen über diese – wie ich glaube, richtige – Note und nicht über die vermeintlich falsche Note. Das ist so deutlich! Diese Variationen sollten Grund genug sein, zu überlegen, daß Beethoven etwas anderes im Sinn hatte. Ich finde, jeder gute Musiker sollte jede Note in ihrem musikalischen Zusammenhang betrachten.

Es gibt auch das große Problem der metronomischen Angaben von Beethoven, nach denen ich jetzt jede seiner Symphonien untersuche. Solche Angaben sind immer Hinweise des Komponisten, aber man sollte sie nicht zu formal angehen. Wichtig ist die Relation zwischen den Sätzen. Wenn es zum Beispiel einen Satz gibt, wo eine Halbe sagen wir achtzig ist und in einem anderen Satz ein Achtel achtzig ist, dann weiß man, daß der Komponist diese Relation vorsah, oder daß in einem anderen Satz eine schnellere Angabe darauf aufbaut. Bei der Neunten kann man sehr lange über Metronomangaben und Tempi diskutieren. Am Ende ist es aber die Musik, die gewinnen muß.

Wenn ich eine Komposition zum ersten Mal dirigiere, versuche ich soviel wie möglich zu lernen. Und dann mache ich die erste Probe und denke, ich kenne das Stück nicht gut genug. Das ist schwer. Ich kenne es nie gut genug. Bei jedem neuen Stück gerate ich in eine große Krise, manchmal Monate, Wochen, manchmal Tage vor dem Konzert. Ich denke dann, ich muß absagen, ich weiß nichts genau. Das ist wichtig für mich – daß es weitergeht, daß eine Entwicklung da ist, etwas Neues entsteht; denn zu denken: gut, jetzt weiß ich es – das ist das Schlimmste.

Aber in dem Moment, wo man auf dem Podium steht, darf man überhaupt nicht unsicher sein. Man muß ganz sicher sein. Wer über Autorität spricht, hat sie nicht. Ein Dirigent soll kein Diktator, kein Autokrat sein. Man muß sich in einer Gemeinschaft mit den Musikern begreifen: Der Respekt, den ich allen Musikern des Orchesters entgegenbringe, kommt vom Musiker wieder zurück. Das ist das Entscheidende. Dann spricht man über einen Dirigenten auch nicht wie über einen Chef – so etwas ist mir verhaßt.

Wenn ich hinausgehe, denke ich eher daran, daß ich den Sängern und dem Orchester helfen muß. Dann kommt das Gefühl, ich muß für die anderen arbeiten, das nimmt mir die Angst. Man muß sicher sein und helfen wollen.

FRITHJOF HAGER: Wenn ich zu Ihren Proben komme, bin ich gespannt, neugierig auf das, was sich ereignen wird – aber wenn Sie dann hereinkommen, ist plötzlich die Ruhe da. Sie überträgt sich auch auf mich.

CLAUDIO ABBADO: Ja? Das ist schön.

FRITHJOF HAGER: Ich bin nur ein Zuhörer. Auf wieviel mehr Erfahrung beziehen sich die Musiker, wenn sie von der Arbeit mit Ihnen sprechen:

WERNER RESEL *(Cellist der Wiener Philharmoniker)*: Musiker, speziell Orchestermusiker, wollen dann und wann durchaus Autorität spüren. Sie muß nur zu der Persönlichkeit passen. Und Claudio Abbado ist ein Mensch, der kann die Wiener Philharmoniker gewaltlos zu ihrem Glück zwingen. Bei ihm wäre aber ein autoritäres Gehabe völlig falsch am Platz. Er ist immer liebenswürdig, er ist immer freundlich, er ist immer kollegial, im wahrsten Sinne des Wortes. Trotzdem gelingt es ihm, musikalische Autorität auszuspielen. Das heißt, bei den Proben ist es zuerst so, daß man das Gefühl hat: »Kommt da jetzt was raus?« Man tut sich manchmal wirklich ein bißchen schwer. Wenn man ihn nicht kennte, würde man glauben, das wird überhaupt nichts. Man beißt sich irgendwo durch, und er geht oft sehr ins Detail, obwohl er ja beim Konzert überhaupt nicht den Eindruck erweckt, daß er genau auf den I-Punkt geht. Man weiß aber genau, seine Arbeit führt zu einem musikalischen Erfolg, nicht nur, was die Noten angeht, nicht nur, daß korrekt gespielt wird. Er hat ein unglaubliches Gehör, jede Nuance, jede Intonationsschwankung hört er sofort, in der Sekunde, oft auch beim Konzert – es sind ja Menschen, die auf dem Podium sitzen, und dann und wann ist vielleicht die eine oder andere Intonationsschwankung drin, sei's daß es zu heiß oder zu kalt, zu feucht oder sonst irgendwas ist, er spürt das ganz genau. Nur, er zeigt's nicht. Es ist nicht so, daß er bei den Proben sofort abbricht oder sagt: ›Das will ich nicht‹ und ›Das brauche ich nicht‹, sondern er vertraut dem Musiker, und der bemüht sich ja auch selber darum, daß aus seinem Spiel etwas wird. Er hat also eine Autorität, die aus der Musik, aus seiner Musikalität heraus entsteht und die der Musiker ihm abnimmt. Und in diesem Augenblick hat er gewonnen.[94]

GEORG FAUST *(Solocellist des Berliner Philharmonischen Orchesters)*: Claudio Abbado ist für mich ein Musiker, dem es nur um die Sache geht, der sich im höchsten Maße dem Komponisten oder der Komposition verpflichtet hat, der aber nicht einer äußerlichen Perfektion verfällt, sondern der immer auch den Menschen sieht, der hinter dem Instrument sitzt. Er ist nicht nur Dirigent. Er ist selbst immer auch Mensch, der mit größter Intensität ein Werk aufführen will. Man spürt bei ihm etwas Sympathisches, und eine große Wärme geht von ihm aus. Und das verwandelt eigentlich vieles, ohne daß man viele Worte darüber verlieren muß.[95]

WERNER RESEL: Er animiert die Musiker so, daß sie selber zur Qualität finden. Das ist der Unterschied zu Karajan, der fast nichts dem Zufall überlassen hat. Er war ein äußerst penibler Orchestererzieher. Abbado setzt dieses Qualitätsbewußtsein eigentlich bei Spitzenorchestern voraus, und ich finde, das kann er auch. Das soll er eigentlich auch. Und genau das ist ein Geheimnis von ihm: Er kann diese Qualität nutzen und auf dieser Qualität seine unglaubliche große musikalische Linie aufbauen.

GEORG FAUST: Abbados Geheimnis ist höchste Offenheit. Das empfinde ich besonders stark bei ihm: daß er ganz im Augenblick lebt, ganz im Augenblick ist, völlig offen und völlig konzentriert. Das ist eine Konzentration, die überhaupt nicht das Gefühl und den Zwang aufkommen läßt: ihr müßt gut sein.

Karajan erzeugte in seinen letzten Jahren oft eine Konzentration, die so drückend war, daß man vor lauter Überspannung kaum spielen konnte. Bei Claudio Abbado ist immer eine unglaubliche Ruhe vorhanden, er ist entspannt, dabei aber höchst konzentriert und wach. Und dadurch, glaube ich, entstehen die großen Momente der Musik: aus dieser konzentrierten Kraft heraus.

KLAUS STOLL (Solobassist des Berliner Philharmonischen Orchesters): Damals, als wir über die Nachfolge für Herrn Karajan nachdachten, haben wir auf jeden Fall einen Dirigenten gebraucht und gesucht – ich kann nur für mich sprechen, aber auch mit den Aussagen umgehen, die ich von den Kollegen gehört habe –, der mit der Wahrheit arbeitet. Ein bißchen ängstlich waren wir alle, ob wir einen solchen Dirigenten finden würden.

Ich will niemanden ins Negativ stellen, niemanden aus der jetzigen Dirigentengeneration im Unguten benennen.

Aber es gibt auch nur sehr wenige, die mit der Wahrheit versuchen, einer Interpretation Tiefe zu verleihen. Und da war Claudio Abbado einer der ganz wenigen, die man wählen konnte. Ein Grund dabei ist: Das Publikum hat sich verändert. Es hat ein Anspruchsdenken entwickelt. Das Publikum ist natürlich durch die vielfachen Möglichkeiten der Medien, durch das Heranziehen von Schallplattenaufnahmen einer jeden überlieferten Musik, durch die Vergleiche mit verschiedenen Interpretationen, bereits so anspruchsvoll geworden, daß man nicht bloß eine Musik wirkungsvoll darstellen kann. Nur auf eine Wirkung hinarbeiten, die vielleicht heute modern ist und für die wir in extremen Kontrasten oder äußerlich plakativ musizieren – dafür dürfen wir uns nicht hergeben. Wir dürfen keinen Dirigenten suchen in der heutigen Zeit, der diese Moden mitmacht. Das ist bei Claudio Abbado nicht der Fall. Er hält die Augen offen und nicht nur die Augen, auch die Ohren. Ich glaube, daß wir uns nicht bewacht oder kontrolliert fühlen, sondern wir fühlen uns eigentlich angeregt, immer wieder selber etwas bei der Arbeit dazu zu tun, das heißt, das Probenende nicht als das Ende der Entwicklung einer Interpretationserarbeitung zu verstehen.[96]

GEORG FAUST: Wenn er anfängt zu dirigieren, spüre ich oft: Es ist so völlig anders als das, was ich bislang aus dem Orchester kenne. Das ist, als wenn plötzlich ein Licht anginge, es ist eine ganz andere Sicht. Und für ihn steht die Klarheit der Struktur und die Durchsichtigkeit der Stimmen so im Vordergrund, daß ich überrascht bin, welche anderen Elemente ich plötzlich höre, es wirkt entschlackt, der Klang wird sprudelnder – ich weiß nicht, wie man das anders sagen kann.

Das passiert aber auch immer wieder. Es ist nicht so, daß sich das abschleift, es geschieht bei allen möglichen Werken. Plötzlich merkt man: Das habe ich so noch nicht gehört.

Claudio Abbado ist einer, der sich wirklich in höchstem Maße darum bemüht, den Text oder die Intention des Komponisten so originalgetreu wie möglich wiederzugeben, weshalb er selbst die Autographen studiert und immer wieder nach den neuesten Ausgaben sucht.

Öfter zeigen sich bei Werken, die in einer festgelegten Interpretation im Orchester vorhanden sind, zunächst auch Widerstände. Aber es ist wirklich eine Stärke von Claudio Abbado, daß er sich auf solche Konflikte gar nicht einläßt. Er versucht immer wieder zu überzeugen durch das, was er tut, und durch die Art, wie er es tut.

Vielleicht läuft im ersten Konzert oder im zweiten Konzert die Sache noch nicht so hundertprozentig, und man sagt: »Ja, was will er denn eigentlich?« Es ist uns eben einfach noch gar nicht klar. Und doch schält sich das, was er will, im Laufe von Konzertwiederholungen immer neu heraus, weil er an den Abenden in dem sehr intensiven Musizieren so überzeugend und so klar wird, daß sich das im Lauf der Zeit potenziert. Er ist nicht der Typ, der so etwas in Proben in ausgefeilter Detailarbeit erreicht, sondern durch das aktive Musizieren im Konzert.

SISSY SCHMIDHUBER *(Cellistin im Gustav Mahler Jugendorchester)*: Abbado hat eine unglaubliche Gestik und Mimik – ich kenne ihn jetzt doch schon ein bißchen länger, man weiß genau, was er mit bestimmten Blicken sagen will, man braucht bloß hinzuschauen, er muß gar nicht sagen: leise – man weiß genau, es ist ihm zu laut, oder es gefällt ihm die Stimmung nicht. Wenn man ihn gut kennt, und man lernt ihn in diesen Probephasen ganz gut kennen, dann weiß man ohne viel Worte, was er will, auch wenn es vielleicht nicht gleich realisiert werden kann. Da kommen Momente, da macht er einen Übergang, der einem nie besonders aufgefallen wäre, und dann nimmt er den so zurück und gibt dabei ein so tolles Tempo vor – einfach das richtige Tempo –, daß eine neue Stimmung da ist. Stellen, über die man selber hinwegspielen würde, die hält er mit seiner Gestik und seiner Mimik, ja, mit seiner Ausstrahlung so fest, daß man nicht mehr drüber hinwegspielen kann und daß plötzlich neue Möglichkeiten, diese Stelle zu interpretieren, eröffnet werden.[97]

CLAUDIO ABBADO: Ich habe manchmal mit Leuten gesprochen, die mich fragten: Welche Bedeutung haben diese Gesten, wie macht sich der Dirigent verständlich? Das in Worte zu fassen, ist nicht leicht. Ich versuche, die Gesten nur für die Musik zu machen. Da ist nichts, was ich einstudiert oder vorbereitet hätte. Alles kommt mit dem Klang, mit der Musik. Spielen wir ein Stück oft, brauche ich immer weniger den Takt anzugeben, ich kann dann immer mehr den großen Bogen, die große Linie dirigieren.

KLAUS STOLL: Mit Claudio Abbado hat uns immer das Gefühl verbunden, daß es zu einer Zusammenarbeit kommen muß. Das klingt ein bißchen einfach, das Wort Zusammenarbeit. Aber man bedenkt mit diesem Wort doch eine besondere Qualität. Zusammenarbeit heißt eigentlich, daß jeder eine Verantwortung gewinnt und auch trägt. Die Dirigenten der alten, also der verstorbenen Generation, dachten wohl grundsätzlich so nicht. Bei Claudio Abbado wird nicht ein einseitiges Anspruchsdenken befriedigt, sondern es wird ein Anspruchsdenken erzeugt, das auch den Orchestermusiker betrifft.

Der Orchestermusiker wird ganz und gar beteiligt und steht oft allein da: man steht als Mitverantwortlicher da. Das ist für einige oder für manches Orchester auch eine völlig neue Situation, wie sie für uns am Anfang unserer Zusammenarbeit mit Claudio Abbado auch gegeben war. Aber unser Orchester hat sehr viel Familiensinn entwickelt; Familiensinn setzt ja auch demokratisches Denken voraus, und ich glaube, daß wir uns heute sehr wohl miteinander fühlen.

Wenn Claudio Abbado uns als Kammerensemble bezeichnet, ist das ein schönes Kompliment, was wir entgegennehmen sollten. Kammermusik hängt ja nicht von der Größe eines Ensembles, nicht von der Besetzungsstärke, von der Besetzungsdichte einer Gruppe ab. Kammermusik als Wort bedeutet, daß jeder für seinen Ton, den er spielt, räumlich, zeitlich, qualitativ verantwortlich ist. Das heißt, daß jeder auf den anderen hört, das heißt, daß man die Partitur kennt.

Auch das Publikum beurteilt uns so, daß der Dirigent die Partitur kennt und der Orchestermusiker nicht, weil im Normalfall der Musiker vor Pult und Noten sitzt. Es ist manchmal nicht nötig, daß wir dieses Pult, daß wir diese Stimme vor uns haben, es ist auch nicht wichtig, daß wir den Fixpunkt Notenmaterial immer benutzen. Wir können unsere Ohren nicht sichtbar auf die Noten lenken, aber wir sollten doch als Musiker die Partitur kennen. In diesem Fall sind wir Kammermusiker.

Dirigenten sind oft ungenau beurteilt worden. Wer glaubt, ein Dirigent sei der Mittelpunkt der Aufführung, der irrt. Nein, er ist eigentlich nur der Mittelpunkt des Vermittelns. Er muß uns nur konsolidieren. Das ist seine große Qualität.

CLAUDIO ABBADO: Der Dirigent ist ein Koordinator. Nicht nur, aber auch. Nehmen Sie ein Orchester wie die Berliner Philharmoniker, es besteht aus wunderbaren Solisten. Jeder weiß, was er spielen, was er machen soll. Die Schwierigkeit besteht darin, mit all diesen Musikern und großen Solisten eine Zusammenarbeit zu vereinbaren. Jeder kennt seine Stimme, kennt aber nicht die ganze Partitur, kennt im Moment des Spielens nicht die ganze Form, die ganze Konstruktion. Deshalb sage ich, meine Arbeit ist die Koordination. Es gibt auch anderes, wenn man nur an den Klang denkt. Ein Orchester erzeugt mit dem einen Dirigenten einen bestimmten Klang, mit einem anderen Dirigenten einen ganz anderen. Das ist doch unglaublich, wenn man bedenkt: man macht manchmal nur eine kleine Geste, und schon entsteht ein neuer Klang.

KLAUS STOLL Wenn Abbado sich als Koordinator bezeichnet, dann klingt das für uns zuerst sehr bescheiden. Er spricht damit aber von einer ganz großen Qualität, die er hat und die wir sehr genießen. Es ist so, daß er am Abend als das Zentrum wirkt, das die Interpretation darstellt. Aber es ist nicht so, daß das irgendeiner Äußerlichkeit bedarf. Wenn er dabei in Ekstase gerät, dann der Musik wegen, dann tut er das der wirklichen, gemeinsamen Steigerungsfähigkeit des Ensembles wegen, zu dem er ja gehört. Er erlebt einen Höhepunkt mit uns im Moment, das Publikum ist herzlich dazu geladen, aber eigentlich erleben wir alle in diesem Moment den Höhepunkt zusammen mit dem Komponisten, der uns das nicht mehr persönlich mitteilen kann, was er meinte. Er hat es nur niedergeschrieben. Das Wort Koordinator klingt heute sehr einfach. Aber es zeigt, wie sehr er seinen Beruf verstanden hat.

SISSY SCHMIDHUBER: Andere Dirigenten bleiben im Konzert relativ reserviert und verausgaben sich auch körperlich nicht so wie er. Bei Abbado habe ich das Gefühl, er gibt wirklich alles und er liebt die Musik und ist dabei wie einer, der am liebsten mitmusizieren würde.

CLAUDIO ABBADO: Man kann meine Arbeit so bezeichnen: Es ist eine Arbeit mit anderen, das Zusammenmusizieren. Ich könnte das nicht allein: Musik als Sprache realisieren.

KLAUS STOLL: Das ist ein Ziel, das wir uns alle gesetzt haben, wenn wir Musiker sein wollen. Wir wollen alle den Ausdruck finden. Wir sind als Musiker in der glücklichen Lage, Botschaften weiterzutragen zu dürfen, aber bevor man etwas weiterträgt, muß man's ja erst mal selbst erkannt haben, man kann nicht etwas interpretieren, was man nicht verstanden hat. Wir haben mit Abbado große Momente, weil wir alle nach der Wahrheit suchen, also nach dem, was uns als Botschaft mittels der Partitur gegeben worden ist, einer Sprache, die wir dechiffrieren müssen. Wir kommen der Musik dadurch nahe, daß wir etwas in eine Handschrift Gegebenes entziffert haben. Das ist das Höchste, was wir erreichen können: daß das, was der Komponist in seine Partitur hineingeschrieben hat, von uns herausgefunden worden ist, daß wir dechiffriert und erkannt haben, was an Empfindungen in diese Handschrift hineingegeben wurde.

Das ist enorm. Wenn Sie daran denken, daß Gustav Mahler im letzten Satz seiner Neunten Symphonie befähigt war, auf 42 Systemen seinen eigenen Tod zu beschreiben, seinen eigenen Niedergang, sein eigenes Ende. Und im Moment, wo wir die Fähigkeit haben, das herauszulesen, anhand unserer Instrumente in Klang umzusetzen, und auch den Dirigenten zu verstehen, was er meint – Claudio Abbado hat nichts anderes vor, als diese Partitur mit uns zusammen zu entziffern –, in diesem Moment erleben wir etwas Großes.

CLAUDIO ABBADO: In dem Moment, in dem das Konzert stattfindet, ist nur die Musik da. Das ist, was bleibt. Und ich muß an die Musiker denken, ihnen, wenn sie schwanken, helfen, daß sie besser spielen – das ist meine Aufgabe.

GEORG FAUST: Der Klang hat sich gewandelt, er ist wärmer geworden, er hat mehr etwas von einer menschlichen Stimme bekommen – natürlich sind's viele menschliche Stimmen. Sie sind alle zu hören, weil Claudio Abbado das immer sehr stark ausstrahlt: die Freude an der Musik, das Erleben der Musik.

CLAUDIO ABBADO: Der Klang kommt vom Orchester, vom Zusammenwirken des Orchesters mit dem Dirigenten. Wenn in einem Saal jedoch ein Publikum atemlos zuhört, dann erzeugt das einen anderen Klang, die Elektrizität des Publikums erzeugt einen anderen Klang. Wenn ein

Publikum, bei einem pianissimo zum Beispiel, atemlos ist, dann ist eine andere Spannung da, man fühlt das. Und wenn das Publikum berührt ist, dann spürt man das auch. Und das hilft. Man erfaßt die Emotion des Publikums genauso wie die eines Solisten. Und wenn man am Ende des Konzerts von Zuhörern nicht nur hört, es war schön, sondern: wir haben geweint, dann ist man glücklich, daß man anderen Menschen eine solche Freude bereiten konnte. Nehmen Sie nur den Moment der Stille, zum Beispiel nach Mahlers Neunter Symphonie in Berlin – das ist Musik, diese Ruhe nach dem Konzert. Diese Musik soll nicht plötzlich enden, diese Ruhe, diese Stille soll immer weitergehen. Das war auch manchmal in anderen Sälen, anderen Städten so, aber so intensiv, so stark wie in Berlin habe ich das bis jetzt noch nicht gehört.

FRITHJOF HAGER: Ein Publikum besteht aus mehr als Zuhörern, es ist beinahe ein Mensch.

CLAUDIO ABBADO: Das Berliner Publikum und die Berliner Philharmoniker erscheinen wie eine Seele.

FRITHJOF HAGER: Männlich oder weiblich?

CLAUDIO ABBADO: Menschlich. Beides. Es gibt keine Unterscheidung. Es ist ein Zauber, den man in immer neuer Weise erlebt. Man ist sich einer großen Seele bewußt, die einen selbst, das Orchester, das Publikum, die Musik, den Augenblick umfaßt. Und man spürt die Seele nur, weil auch die anderen sie spüren. Das ist ein gemeinsamer Flug. Das ist Musik, viel mehr als die Gefühlsbewegung eines einzelnen.

Claudio Abbado ist ein brüderlicher Mensch. So weist er auf die Zeit, die kommen wird.

Am nächsten Morgen Probe.

Siebtes Kapitel

Sichtbar machen

Photographien von Cordula Groth

Im inneren Kreis

I
Vorbereitung: Die Partitur erkunden

Im inneren Kreis

II
Dialog: Gemeinsam musikalisch sprechen

Im äußeren Kreis

III
Dialog: Gemeinsam musikalisch hören

Ankündigung vor der Presse

Eliette von Karajan und Claudio Abbado auf der
Pressekonferenz der Salzburger Osterfestspiele 1997

Konzertreise

Claudio Abbado, Ulrich Meyer-Schoellkopf, Intendant, und
Helmut Stern, Geiger auf der Reise nach Israel, 1993

Vor dem Gastsaal

New York, 1. Konzert in der Carnegie Hall, 1993

Verständigung vor Ort

Daniel Barenboim, Eliette von Karajan, Claudio Abbado
im Saal des Wiener Musikvereins, Wien, 1996
bei der Probe zu Beethovens Klavierkonzert Nr. 3, c-moll

Vor dem Konzert
Turin, 1996

Schlußakkord
Ravenna, 1993

Applaus für den Maestro
St. Petersburg, 1991

Das beste Publikum

Achtes Kapitel

Hörbar machen

Discographie
zusammengestellt von Tosca Maria Bürkle

Die folgende Übersicht zeigt Claudio Abbados Aufnahmen
   mit
dem Orchester der Mailänder Scala
dem Orchester der Wiener Staatsoper
den Wiener Philharmonikern
dem Symphonieorchester des Bayerischen Rundfunks
dem Chicago Symphony Orchestra
den Berliner Philharmonikern
dem European Community Youth Orchestra
dem Chamber Orchestra of Europe
dem Ensemble Anton Webern und dem Gustav Mahler Jugendorchester im Rahmen der Festivals »Wien Modern«
sowie Videocassetten mit Aufzeichnungen von Opern und
   Konzerten.
Die Aufnahmen sind nach Komponisten alphabetisch ge-
ordnet; Programme mit Werken mehrerer Komponisten
sind jeweils im Abschnitt »Anthologien« zusammenge-
faßt. Soweit dies möglich war, sind Aufnahmedatum und
Erscheinungsdatum (ED) angegeben.

Das Orchester der Mailänder Scala
Giuseppe Verdi
   Aida
   Elena Obraszowa – Sopran; Katia Ricciarelli – Sopran; Lucia
   Valentini – Mezzosopran; Plácido Domingo – Tenor; Piero di
   Palma – Tenor; Leo Nucci – Bariton; Nicolai Ghiaurov – Baß;
   Ruggero Raimondi – Baß; Chor der Mailänder Scala
   DG 410 092-2 (3 CD) – ED: 1983 – Ges.-Aufn. (ital.)

   Don Carlos
   Ann Murray – Sopran; Katia Ricciarelli – Sopran; Lucia Valen-
   tini Terrani – Mezzosopran; Plácido Domingo – Tenor; Tibère
   Raffalli – Tenor; Alessandro Corbelli – Bariton; Leo Nucci –
   Bariton; Nicolai Ghiaurov – Baß; Ruggero Raimondi – Baß;
   Nikita Storojev – Baß; Chor der Mailänder Scala
   DG 415 316-2 (4 CD) – ED: 1985 – Ges.-Aufn. (ital.) 01/1982

Un ballo in maschera (Ein Maskenball)
Edita Gruberova – Sopran; Katia Ricciarelli – Sopran; Elena
Obraszowa – Mezzosopran; Luigi de Corato – Tenor; Plácido
Domingo – Tenor; Giovanni Foiani – Tenor; Renato Bruson –
Bariton; Gianfranco Manganotti – Bariton; Ruggero Raimondi
– Baß; Antonio Savastano – Baß; Chor der Mailänder Scala
DG 453 148-2 (2 CD) – ED: 1986 – Ges.-Aufn. (ital.)

Macbeth
Shirley Verrett – Sopran; Stefania Malagu – Mezzosopran; Plá-
cido Domingo – Tenor; Antonio Savastano – Tenor; Piero Cap-
puccilli – Bariton; Nicolai Ghiaurov – Baß; Alfredo Mariotti –
Baß; Carlo Zardo – Baß; u. a.; Chor der Mailänder Scala
DG 449 732-2 (2 CD) – ED: 1996 – Ges.-Aufn. (ital.)

Simone Boccanegra
Mirella Freni – Sopran; José Carreras – Tenor; Giovanni Foiani
– Tenor; Piero Cappuccilli – Bariton; José van Dam – Baßbari-
ton; Nicolai Ghiaurov – Baß; Antonio Savastano – Baß; Chor
der Mailänder Scala
DG 449 752-2 (2 CD) – ED: 1997 – Ges.-Aufn. (ital.)

Requiem
Katia Ricciarelli – Sopran; Shirley Verrett – Mezzosopran; Plácido Domingo – Tenor; Nicolai Ghiaurov – Baß; Chor der Mailänder Scala
DG 415 976-2 (2 CD) – ED: 1986

Das Orchester der Wiener Staatsoper
Modest Mussorgski
Khovanshchina
Joanna Borowska – Sopran; Brigitte Poschner-Klebel – Sopran;
Marjana Lipovsek – Mezzosopran; Wladimir Atlantow –
Tenor; Bojidar Nikolow – Tenor; Wladimir Popow – Tenor;
Heinz Zednik – Tenor; Wilfried Gahmlich – Bariton; Paata
Burchuladze – Baß; Aage Haugland – Baß; Peter Köves – Baß;
Anatol Kotscherga – Baß; Goran Simic – Baß; Wiener Sänger-
knaben; Chor der Wiener Staatsoper; Slowakischer Philharmo-
nischer Chor
DG 429 758-2 (3 CD) – ED: 1990 – Ges.-Aufn. (russ.) 09/1989

Giuseppe Verdi

Simone Boccanegra
Renato Bruson – Bariton; Katia Ricciarelli – Sopran; Ruggero
Raimondi – Baßbariton; Veriano Luchetti – Tenor; Felice
Schiavi; Ewald Aichberger – Tenor; Anna Gonda – Alt; Chor
der Wiener Staatsoper
RCA 74 321 57 733-2 (2 CD) – ED: 1998 – Ges.-Aufn. (ital.)
– Live-Mitschnitt 1984

Die Wiener Philharmoniker
Ludwig van Beethoven

Symphonie No. 1 C-Dur op. 21
Symphonie No. 4 B-Dur op. 60
DG 427 301

Symphonie No. 2 D-Dur op. 36
Symphonie No. 5 c-moll op. 67
DG 423 590-2

Symphonie No. 3 Es-Dur op. 55
Coriolan Ouvertüre op. 62
DG 419 597-2

Symphonie No. 3 Es-Dur op. 55
Egmont-Ouvertüre f-moll op. 84
König Stephan op. 117: No. 1 Ouvertüre
Die Ruinen von Athen op. 113: No. 1 Ouvertüre
DG 445 603 – ED: 1999

Symphonie No. 6 F-Dur op. 68
Meeresstille und glückliche Fahrt (nach Goethe) op. 112
Phantasie c-moll f. Klavier, Chor u. Orchester op. 80
Maurizio Pollini – Klavier; Chor der Wiener Staatsoper
DG 419 779-2 – ED: 1987

Symphonie No. 6 F-Dur op. 68
Symphonie No. 8 F-Dur op. 93
DG 445 542-2

Symphonie No. 7 A-Dur op. 92
Symphonie No. 8 F-Dur op. 93
DG 423 364-2

Symphonie No. 9 d-moll op. 125
Gabriela Benackova – Sopran; Marjana Lipovsek – Alt; Gösta
Winbergh – Tenor; Hermann Prey – Bariton; Chor der Wiener
Staatsoper
DG 419 598-2

Alban Berg
Wozzeck
Hildegard Behrens – Sopran; Anna Gonda – Alt; Peter Jelosits
– Tenor; Werner Kamenik – Tenor; Philip Langridge – Tenor;
Alexander Maly – Tenor; Walter Raffeiner – Tenor; Heinz Zed-
nik – Tenor; Franz Grundheber – Bariton; Alfred Sramek –
Bariton; Aage Haugland – Baß; Chor der Wiener Staatsoper;
Wiener Sängerknaben
DG 423 587-2 (2 CD) – ED: 1988 – Ges.-Aufn. 06/1987

Drei Orchesterstücke op. 6
Sieben frühe Lieder (Orchesterfassung)
«Der Wein« Konzertarie nach Baudelaires »Le Vin«
Anne Sofie von Otter – Mezzosopran
DG 445 846-2 – ED: 1995

Altenberg Lieder op. 4
Lyrische Suite
Lulu-Suite, Symphonische Stücke aus »Lulu«
Juliane Banse – Sopran
DG 447 749-2 – ED: 1996 – Aufn. 11/1995

Johannes Brahms
Ungarische Tänze Nos. 1-21
DG 410 615-2 – ED: 1984

Klavierkonzert No. 2 B-Dur op. 83
Maurizio Pollini – Klavier
DG 419 471-2 – ED: 1987

Klavierkonzert No. 2 B-Dur op. 83
Alfred Brendel – Klavier
Ph 432 975-2 (CD)

Anton Bruckner

Symphonie No. 1 c-moll
DG 453 415-2 – ED: 1997 – Aufn. 01/1996

Symphonie No. 4 Es-Dur
DG 431 719-2 – ED: 1991 – Aufn. 10/1990

Symphonie No. 5 B-Dur
DG 445 879-2 – ED: 1995 – Konzert-Mitschnitt 10/1993

Symphonie No. 7 E-Dur
DG 437 518-2 – ED: 1994 – Aufn. 04/1992

Claude Debussy

Pelléas et Mélisande
Maria Ewing – Sopran; Patrizia Pace – Sopran; Christa Ludwig
– Mezzosopran; François LeRoux – Bariton; José van Dam –
Baßbariton; Jean-Philippe Courtis – Baß; Rudolf Mazzola –
Baß; Chor der Wiener Staatsoper
DG 435 344-2 (2 CD) – ED: 1992 – Ges.-Aufn. 01/1991

Gustav Mahler

Symphonie No. 2 c-moll
Cheryl Studer – Sopran; Waltraud Meier – Alt; Arnold-Schönberg-Chor Wien
DG 439 953-2 (2 CD) – ED: 1994 – Konzert-Mitschnitt
11/1992

Symphonie No. 3 d-moll
Jessye Norman – Alt;Wiener Sängerknaben; Chor der Wiener
Staatsoper
DG 410 715-2 (2 CD) – ED: 1984

Symphonie No. 9 D-Dur
Symphonie No. 10 Fis-Dur (Adagio)
DG 423 564-2 (2 CD) – ED: 1988 – Aufn. 05/1987, 06/1985

Wolfgang Amadeus Mozart

Le Nozze di Figaro (Die Hochzeit des Figaro)
Cecilia Bartoli – Sopran; Sylvia McNair – Sopran; Andrea Rost
– Sopran; Cheryl Studer – Sopran; Caterina Antonacci – Mez-
zosopran; Carlo Allemano – Tenor; Peter Jelosits – Tenor; Boje
Skovhus – Bariton; Ildebrando d'Arcangelo – Baß; Lucio Gallo
– Baß; István Gáti – Baß; Chor der Wiener Staatsoper
DG 445 903-2 (3 CD) – ED: 1995 – Ges.-Aufn. (ital.) 02/1994

Klavierkonzerte
No. 14 Es-Dur KV 449
No. 26 D-Dur KV 537
Maria Joao Pires – Klavier
DG 437 529-2 – ED: 1993 – Aufn. 03/1992, 04/1990

Klavierkonzerte
No. 20 d-moll KV 466
No. 21 C-Dur KV 467
No. 25 C-Dur KV 503
No. 27 B-Dur KV 595
Friedrich Gulda – Klavier
DG 453 079-2 (2 CD) – ED: 1997

Messe c-moll KV 139(47a)
Gundula Janowitz – Sopran; Frederica von Stade – Alt; Wies-
law Ochman – Tenor; Kurt Moll – Baß; Chor der Wiener
Staatsoper
DG 427 255-2 – ED: 1989

Gioacchino Rossini

L'Italiana in Algeri (Die Italienerin in Algier)
Anna Gonda – Sopran; Patrizia Pace – Sopran; Agnes Baltsa –
Alt; Frank Lopardo – Tenor; Alessandro Cordelli – Bariton;
Enzo Dara – Baß; Ruggero Raimondi – Baß; Chor der Wiener
Staatsoper
DG 427 331-2 (2 CD) – ED: 1989 – Ges.-Aufn. (ital.) 10/1987

Arnold Schönberg

Gurre-Lieder
Sharon Sweet – Sopran; Marjana Lipovsek – Alt; Siegfried Jerusalem – Tenor; Philip Langridge – Tenor; Hartmut Welker – Bariton; Barbara Sukowa – Sprecherin; Chor der Wiener Staatsoper; A.-Schönberg-Chor Wien; Philh. Chor Bratislava
DG 439 944-2 (2 CD) – ED: 1995 – Konzert-Mitschnitt Wien 05/92

Franz Schubert

Messe Es-Dur D 950
Karita Mattila – Sopran; Marjana Lipovsek – Alt; Jerry Hadley – Tenor; Jorge Antonio Pita – Tenor; Robert Holl – Baß; Chor der Wiener Staatsoper
DG 423 088-2 – ED: 1997

Peter Iljitsch Tschaikowski

Symphonie No. 2 c-moll (Rev. Fassung)*
Symphonie No. 4 f-moll op. 36
*New Philharmonic Orchestra
DG 429 527-2

Giuseppe Verdi

Requiem
Quattro pezzi sacri (Vier geistliche Stücke)
Cheryl Studer – Sopran; Marjana Lipovsek – Mezzosopran; José Carreras – Tenor; Ruggero Raimondi – Baß; Chor der Wiener Staatsoper
DG 435 884-2 (2 CD) – ED: 1993 – Aufn. 10/11/1991

Richard Wagner

Lohengrin
Cheryl Studer – Sopran; Waltraud Meier – Mezzosopran; Siegfried Jerusalem – Tenor; Hartmut Welker – Bariton; Andreas Schmidt – Baßbariton; Kurt Moll – Baß; Chor der Wiener Staatsoper
DG 437 808-2 (3 CD) – ED: 1994 – Ges.-Aufn. 11/1991

Felix Mendelssohn-Bartholdy und Pjotr Iljitsch Tschaikowski
Mendelssohn-Bartholdy: Konzert für Violine und Orchester
e-moll op. 64
Tschaikowski: Konzert für Violine und Orchester D-Dur
op. 35
Nathan Milstein – Violine
DG 419 067-2 – ED: 1987

Das London Symphony Orchestra
Alban Berg
Altenberg-Lieder op. 4
Lulu-Suite: Symphonische Stücke aus »Lulu«
3 Orchesterstücke op. 6
Margaret Price – Sopran
DG 449 714-2

Georges Bizet
Carmen
Ileana Cotrubas – Sopran; Yvonne Kenny – Sopran; Teresa
Berganza – Mezzosopran; Alicia Nafé – Mezzosopran; Shirley
Minty – Alt; Plácido Domingo – Tenor; Leslie Fyson – Bariton;
Stuart Harling – Bariton; Sherrill Milnes – Bariton; Robert
Lloyd – Baß; u. a.; G. Watson's College Boys Chor; Ambrosian
Singers
DG 419 636-2 (3 CD) – ED: 1987 – Ges.-Aufn. (franz.)

L'Arlésienne-Suiten Nos. 1 und 2 op. 23
Carmen-Suite No. 1
DG 423 472-2 – ED: 1988

Felix Mendelssohn-Bartholdy
Symphonie No. 1 c-moll op. 11, 2. Satz
Symphonie No. 5 D-Dur (d-moll) op. 107
Scherzo g-moll aus Oktett op. 20 Es-Dur
DG 445 596-2 – ED: 1997

Symphonie No. 2 B-Dur op. 52
Elizabeth Connell – Sopran; Karita Mattila – Sopran; Hans-

Peter Blochwitz – Tenor; London Symphony Chorus
DG 423 143-2 – ED: 1987

Symphonie No. 3 a-moll op. 56
Symphonie No. 4 A-Dur op. 90
DG 427 810-2 – ED: 1989

Symphonie No. 4 A-Dur op. 90
Symphonie No. 5 D-moll op. 107
DG 415 974 – ED: 1986

Ouvertüren
Märchen von der schönen Melusine F-Dur op. 32
Ein Sommernachtstraum op. 61
Meeresstille und glückliche Fahrt op. 27
Ruy blas op. 95
Die Hebriden (Fingalshöhle) op. 26
DG 423 104-2 – ED: 1988

Wolfgang Amadeus Mozart
Klavierkonzert No. 12 A-Dur KV 414
Klavierkonzert No. 20 d-moll KV 466
Rudolf Serkin – Klavier
DG 400 068-2 – ED: 1982

Klavierkonzert No. 15 B-Dur KV 450
Klavierkonzert No. 22 E-Dur KV 482
Rudolf Serkin – Klavier
DG 415 488-2 – ED: 1987 – Aufn. 02/1985

Klavierkonzert No. 16 D-Dur KV 451
Klavierkonzert No. 20 d-moll KV 466
Rudolf Serkin – Klavier
DG 445 597-2 – ED: 1997 – Aufn. 05/1988

Klavierkonzert No. 18 B-Dur KV 456
Klavierkonzert No. 24 c-moll KV 491
Rudolf Serkin – Klavier
DG 423 062-2 – ED: 1987 – Aufn. 11/1986

Klavierkonzert No. 19 F-Dur KV 459
Klavierkonzert No. 25 C-Dur KV 503
Rudolf Serkin – Klavier
DG 410 989-2 – ED: 1984 – Aufn. 03/1983

Klavierkonzert No. 21 C-Dur KV 467
Klavierkonzert No. 23 A-Dur KV 488
Rudolf Serkin – Klavier
DG 410 068-2 – ED: 1983

Klavierkonzert No. 21 C-Dur KV 467
Klavierkonzert No. 27 B-Dur KV 595
Rudolf Serkin – Klavier
DG 445 516-2 – ED: 1994

Klavierkonzert No. 22 Es-Dur KV 482
Klavierkonzert No. 25 C-Dur KV 503
Rudolf Serkin – Klavier
DG 429 978-2 – ED: 1990

Klavierkonzert No. 8 C-Dur KV 246
Klavierkonzert No. 27 B-Dur KV 595
Rudolf Serkin – Klavier
DG 410 035-2 – ED: 1984 (nicht mehr im Handel) – Aufn.
03/1982

Klavierkonzert No. 9 Es-Dur KV 271
Klavierkonzert No. 17 G-Dur KV 453
Rudolf Serkin – Klavier
DG 415 206-2 – ED: 1985

Symphonie No. 40 g-moll KV 550
Symphonie No. 41 C-Dur KV 551
DG 415 841-2 – ED: 1987

Giovanni Battista Pergolesi
Stabat Mater f-moll
Margaret Marshall – Sopran; Lucia Valentini Terrani – Mezzo-
sopran; Leslie Pearson – Orgel
DG 415 103-2 – ED: 1985 – Aufn. 12/1983

Sergej Prokofjew
Alexander Newski op. 78
Kantate für Mezzosopran, Chor und Orchester
Elena Obrazowa – Mezzosopran
In: DG 447 419-2

Maurice Ravel
Boléro
Ma Mère l'oye
Rhapsodie espagnole
Pavane pour une Infante défunte
DG 415 972-2 – ED: 1986 – Aufn. 06/1985

Konzert für Klavier und Orchester G-Dur
Konzert für Klavier und Orchester D-Dur
Fanfare zu dem Ballet »L'Eventail de Jeanne«
Menuet Antique
Le Tombeau de Couperin
Martha Argerich – Klavier; Michel Béroff – Klavier
DG 423 665-2 – ED: 1988

Daphnis et Chloë (Gesamtaufnahme) Ballett in drei Akten
Boléro
Alborado del Gracioso
London Symphony Chorus
DG 445 519-2 – ED: 1994

Gioacchino Rossini
La Cenerentola (Das Aschenbrödel)
Margherita Guglielmi – Sopran; Laura Zanini – Sopran; Teresa
Berganza – Mezzosopran; Luigi Alva – Tenor; Renato Capec-
chi – Baßbariton; Paolo Montarsolo – Baß; Ugo Trama – Baß;
Schott. Opernchor
DG 423 861-2 PMS (2 CD) – ED: 1989 – Ges.-Aufn. (ital.)

Il barbiere di Siviglia (Der Barbier von Sevilla)
Teresa Berganza – Mezzosopran; Stefania Malagu – Mezzoso-
pran; Luigi Alva – Tenor; Renato Cesari – Bariton; Hermann
Prey – Bariton; Enzo Dara – Baß; Paolo Montarsolo – Baß;
Luigi Roni – Baß; Ambrosian Singers
DG 457 733-2 (2 CD) – ED: 1986 – Ges.-Aufn. (ital.)

Ouvertüren
La Cenerentola (Das Aschenbrödel)
Il Barbiere di Siviglia (Der Barbier von Sevilla)
L'Assedio di Corinto (Die Belagerung von Korinth)
La Gazza Ladra (Die diebische Elster)
L'Italiana in Algerie (Die Italienerin in Algier)
Il Signor Bruschino od. Il Figlio per azzardo
DG 419 869-2

Igor Strawinsky
Le Sacre du Printemps
Feuervogel-Suite
Jeu de cartes (Das Kartenspiel)
Pétrouchka
Pulcinella
Teresa Berganza – Mezzosopran; Ryland Davies – Tenor; John
Shirley-Quirk – Bariton
DG 435 085-2 (2 CD)

Pjotr Iljitsch Tschaikowski
Klavierkonzert No. 1 b-moll op. 23
Ivo Pogorelich – Klavier
DG 415 122-2

Antonio Vivaldi
Die vier Jahreszeiten
Gidon Kremer – Violine
DG 431 172-2 – ED: 1990

ANTHOLOGIEN
Béla Bartók und Leoš Janáček
Bartók: Der wunderbare Mandarin
Deux Portraits op. 5
Janácek: Sinfonietta op. 60 (1926)
Shlomo Mintz – Violine; Ambrosian Singers
DG 445 501-2

Frédéric Chopin und Franz Liszt

Klavierkonzerte
Chopin: Konzert für Klavier und Orchester No. 1 e-moll op. 11
Liszt: Konzert für Klavier und Orchester No. 1 Es-Dur
Martha Argerich – Klavier
DG 449 719-2 – ED: 1996

Leoš Janáček, Paul Hindemith und Sergej Prokofjew

Hindemith: Symphonische Metamorphosen über Themen von
C. M. v. Weber (1943)
Janáček: Sinfonietta op. 60 (1926)
Prokofjew: Symphonie No. 3 c-moll op. 44 (1928)
Dec 448 579-2

Maurice Ravel und Modest Mussorgski

Mussorgski: Bilder einer Ausstellung (orch. Ravel)
Ravel: Rhapsodie espagnole
Une barque sur l'océan
La Valse
DG 445 556-2 – ED: 1995

Das Symphonieorchester des Bayerischen Rundfunks
Luigi Nono

Como una ola de fuerza y luz (Wie eine Woge von Kraft und
Licht)
... sofferte onde serene ...
Contrappunto dialettico alle mente
Liliana Poli – Sopran; Slavka Taskova – Sopran; Cadigia Bove
– Stimme; Elena Vicini – Stimme; Marisa Mazzoni – Stimme;
Umberto Troni – Stimme; Maurizio Pollini – Klavier; Kammer-
chor des RAI Rom
DG 423 248-2 – ED: 1988

Das Chicago Symphony Orchestra
Béla Bartók

Klavierkonzerte Nos. 1 u. 2
Deux Portraits op. 5
Maurizio Pollini – Klavier, Shlomo Mintz – Violine
DG 457 909-2 – ED: 1999

Hector Berlioz
Symphonie fantastique op. 14a
DG 410 895-2 – ED: 1984 – Aufn. 02/1983

Johannes Brahms
Doppelkonzert für Violine und Violoncello a-moll op. 102
Klavierquartett No. 3 op. 60
Isaac Stern – Violine; Jaime Laredo – Viola; Yo-Yo Ma – Violoncello; Emanuel Ax – Klavier
Sony CD 42 387 – ED: 1988

Frédéric Chopin
Klavierkonzert No. 2 f-moll op. 21
Polonaise No. 5 fis-moll op. 44
Ivo Pogorelich – Klavier
DG 410 507-2 – ED: 1983 – Aufn. 02/1983

Gustav Mahler
Symphonie No. 2 c-moll
Symphonie No. 4 G-Dur
Carol Neblett – Sopran; Frederica von Stade – Sopran; Marilyn Horne – Mezzosopran; Chor
DG 453 037-2 (2 CD) – ED: 1997

Symphonie No. 5 cis-moll
DG 427 254-2 – ED: 1989

Symphonie No. 6 a-moll
Rückert-Lieder Nos. 1-5
Hanna Schwarz – Alt
DG 423 928-2 (2 CD) – ED: 1988

Symphonie No. 7 e-moll
DG 445 513-2 – ED: 1994

Symphonie No. 1 D-Dur
Symphonie No. 10 Fis-Dur (unvollendet)
1. Satz Adagio (Wiener Philharmoniker)
DG 445 565-2 – ED: 1995

Sergej Prokofjew
  Ala et Lolly op. 20
  Suite Skythe für Orchester
  Leutnant Kijé-Suite op. 60
  U. a. in: DG 447 419-2

Sergej Rachmaninow
  Klavierkonzert No. 2 c-moll op. 18
  Cecile Licad – Klavier
  U. a. in: Sony CD 66 934 – ED: 1990

Pjotr Iljitsch Tschaikowski
  Symphonie No. 5 e-moll op. 64
  Symphonische Ballade op. 78 »Der Wojewode«
  Sony CD SMK 42 094

  Symphonie No. 6 h-moll op. 74
  Slawischer Marsch op. 31
  Sony CD 42 368-1997

  Symphonien Nos. 1-6
  Symphonie No. 1 g-moll op. 13
  Symphonie No. 2 c-moll op. 17
  Symphonie No. 3 D-Dur op. 29
  Symphonie No. 4 f-moll op. 36
  Symphonie No. 5 e-moll op. 64
  Symphonie No. 6 h-moll op. 74
  Nußknacker-Suite op. 71a
  Symphonische Phantasie f-moll op. 18 »Der Sturm«
  Ouvertüre zu »Das Jahr 1812« op. 49
  Phantasieouvertüre »Romeo und Julia«
  Symphonische Ballade op. 78 »Der Wojewode«
  Slawischer Marsch op. 31
  Sony CD 48 225 (6 CD)

ANTHOLOGIEN
Johannes Brahms und Alban Berg
  Brahms: »Doppelkonzert« a-moll op. 102 für Violine und Violoncello

Berg: Kammerkonzert für Klavier und Geige mit dreizehn Bläsern
Isaac Stern – Violine; Yo-Yo Ma – Violoncello; Peter Serkin – Klavier; Bläser des London Symphony Orchestra
Sony CD 45 999

Felix Mendelssohn-Bartholdy, Max Bruch und Fritz Kreisler
Bruch: Konzert für Violine und Orchester No. 1 g-moll op. 26
Kreisler: Caprice Viennois op. 2; Liebesleid; Liebesfreud
Mendelssohn: Konzert für Violine und Orchester e-moll op. 64
Shlomo Mintz – Violine; Clifford Benson – Klavier
DG 419 629-2 – ED: 1987

Wolfgang Amadeus Mozart und Joseph Haydn
Mozart:
Fagottkonzert B-Dur KV 191
Hornkonzert Es-Dur KV 447 No. 3
Oboenkonzert C-Dur KV 314 (285 d)
Haydn:
Trompetenkonzert Es-Dur Hob. Vlle:1
Dale Clevenger – Willard Elliot – Ray Still – Adolph Herseth
DG 415 104-2

Die Berliner Philharmoniker
Ludwig van Beethoven
Symphonie No. 9 d-moll op. 125
Jane Eaglen – Sopran; Waltraud Meier – Mezzosopran; Ben Heppner – Tenor; Bryn Terfel – Baßbariton; Schwedischer Rundfunkchor, Kammerchor Eric Ericson
Sony CD 62 634 – ED: 1997 – Aufn. 1996

Klavierkonzert No. 1 C-Dur op. 15
Klavierkonzert No. 2 B-Dur op. 19
Maurizio Pollini – Klavier
DG 445 852-2 – ED: 1995 – Konzert-Mitschnitt Berlin 12/1992

Klavierkonzert No. 3 c-moll op. 37
Klavierkonzert No. 4 G-Dur op. 58

Maurizio Pollini – Klavier
DG 445 850-2 – ED: 1995 – Konzert-Mitschnitt Berlin
12/1992

Klavierkonzert No. 5 Es-Dur op. 73
Maurizio Pollini – Klavier
DG 445 851-2 – ED: 1995 – Konzert-Mitschnitt Berlin 1/1993

Klavierkonzerte Nos. 1-5
Maurizio Pollini – Klavier
DG 439 770-2 (3 CD) – ED: 1994

Bühnenmusiken
Ouvertüre zu »Die Weihe des Hauses« op. 124
»Leonore Prohaska« WoO 96
Sylvia McNair – Sopran; Bryn Terfel – Bariton; Ernst-Erich Bu-
der – Sprecher; Karoline Eichhorn – Sprecherin; Bruno Ganz –
Sprecher; Marie-Pierre Langlamet – Harfe; Sascha Reckert –
Glasharmonika; Rundfunkchor Berlin
DG 447 748-2 – ED: 1996 – Aufn. 1994

Musik zu Goethes Schauspiel »Egmont« op. 84
»Ah, perfido« op. 65 Konzertarie
Leonoren-Ouvertüre No. 3 op. 72a
Phantasie für Klavier, Chor und Orchester c-moll op. 80
Cheryl Studer – Sopran; Bruno Ganz – Sprecher; Jewgeni Kis-
sin – Klavier; Rias-Kammerchor Berlin
DG 435 617-2 – Silvesterkonzert 1991 in Berlin

Johannes Brahms
Symphonie No. 1 c-moll op. 68
Gesang der Parzen (nach Goethe) op. 89
für sechsstimmigen Chor und Orchester
Rundfunkchor Berlin
DG 431 790-2 – ED: 1991 – Aufn. 1990

Symphonie No. 2 D-Dur op. 73
Alt-Rhapsodie op. 53
Marjana Lipovsek – Alt; Ernst-Senff-Chor Berlin
DG 427 643-2 – ED: 1989 – Aufn. 09/1988

Symphonie No. 3 F-Dur op. 90
Tragische Ouvertüre d-moll op. 81
Schicksalslied (nach Hölderlin) op. 54
für gemischten Chor und Orchester
Ernst-Senff-Chor Berlin
DG 429 765-2

Symphonie No. 4 e-moll op. 98
Variationen über ein Thema von Haydn B-Dur op. 56a
Nänie (nach Schiller) op. 62 für gemischten Chor und Orchester
Rundfunkchor Berlin
DG 435 349-2 – ED: 1992 – Aufn. 11/1990, 09/1991

Symphonien Nos. 1-4
Chorwerke
Variationen op. 56
2 Ouvertüren
DG 435 683-2 (4 CD)

Ein Deutsches Requiem op. 45
Cheryl Studer – Sopran; Andreas Schmidt – Bariton; Rundfunkchor Stockholm; Kammerchor Eric Ericson
DG 437 517-2 PMS – ED: 1993 – Aufn. 10/1992

Violinkonzert D-Dur op. 77
Viktoria Mullova – Violine
Ph 438 998-2 – ED: 1994 – Konzert-Mitschnitt Tokio 1/1992

Klavierkonzert No. 1 d-moll op. 15
Alfred Brendel – Klavier
Ph 420 071-2 – ED: 1991

Klavierkonzert No. 2 B-Dur op. 83
Alfred Brendel – Klavier
Ph 432 975-2 – ED: 1992

Klavierkonzert No. 1 d-moll op. 83
Maurizio Pollini – Klavier
DG 447 041-2

Klavierkonzert No. 2 B-Dur op. 83
Maurizio Pollini – Klavier
DG 453 505-2 – ED: 1997 – Aufn. 12/1995

Antonín Dvořák
Symphonie No. 8 G-Dur op. 88
Die Mittagshexe op. 108
Sony CD 64 303 – ED: 1994

Paul Hindemith
Symphonie »Mathis der Maler« (1934)
Nobilissima Visione (1938)
Symphonische Metamorphosen über Themen von C. M. v.
Weber (1943)
DG 447 389-2 – ED: 1995 – Aufn. 02/1995

Kammermusik No. 1 op. 36 No. 3
Kammermusik No. 4 op. 24 No. 1
Kammermusik No. 5 op. 36 No. 4
Kolja Blacher – Violine; Wolfram Christ – Viola
EMI 567-556 160-2 – ED: 1996

Kammermusik No. 2 op. 36 No. 1
Kammermusik No. 3 op. 36 No. 2
Kammermusik No. 6 op. 46 No. 1
Kammermusik No. 7 op. 46 No. 2
Lars Vogt – Klavier; Georg Faust, Violoncello; Wolfram Christ
– Viola d'amore; Wayne Marshall – Orgel
DG 556 831-2 – ED: 1999

Gustav Mahler
Symphonie No. 1 D-Dur
DG 431 769-2 (CD) – ED: 1991 – Konzert-Mitschnitt 12/1989

Symphonie No. 5 cis-moll
DG 437 789-2 – ED: 1993 – Konzert-Mitschnitt 5/1993

Symphonie No. 8 Es-Dur
Sylvia McNair – Sopran; Andrea Rost – Sopran; Cheryl Studer
– Sopran; Rosemarie Lang – Alt; Anne Sofie von Otter – Alt;
Peter Seiffert – Tenor; Bryn Terfel – Bariton; Jan Hendrik
Rootering – Baß; Rundfunkchor Berlin, Philharmonischer
Chor Prag, Tölzer Knabenchor
DG 445 843-2 (2 CD) – ED: 1995 – Konzert-Mitschnitt Berlin
2/1994

Lieder nach Gedichten aus
Des Knaben Wunderhorn
Revelge
Rheinlegendchen
Trost im Unglück
Verlorene Müh'
Der Schildwache Nachtlied
Das irdische Leben
Lied des Verfolgten im Turm
Wer hat dies Liedlein erdacht?
Des Antonius von Padua Fischpredigt
Lob des hohen Verstandes
Wo die schönen Trompeten blasen
Der Tamboursg'sell
Urlicht
Anne Sofie von Otter – Mezzosopran; Thomas Quasthoff – Ba-
riton
DG 459 646-2 – ED: 1999

Felix Mendelssohn-Bartholdy
Symphonie No. 4 A-Dur op. 90
Musik zu »Ein Sommernachtstraum« opp. 21 & 61 (Auszüge)
Sylvia McNair – Sopran; Angelika Kirchschlager – Sopran;
Barbara Sukowa – Sprecherin; Ernst-Senff-Frauenchor Berlin
Sony CD 62 600 – ED: 1996 – Silvesterkonzert Berlin 1995

Wolfgang Amadeus Mozart
Symphonie No. 23 D-Dur KV 181
Symphonie No. 36 C-Dur KV 425
Sinfonia concertante Es-Dur KV 364
Rainer Kußmaul – Violine; Wolfram Christ – Viola
Sony CD 66 859 – ED: 1996

Symphonie No. 28 C-Dur KV 200
Symphonie No. 29 A-Dur KV 201
Symphonie No. 35 D-Dur KV 385
Sony CD 48 063 – ED: 1992

Serenade D-Dur KV 320
Märsche D-Dur KV 335 Nos. 1 und 2
Divertimento D-Dur KV 251
Sony CD 53 277 – ED: 1993

Symphonie No. 31 D-Dur KV 297
Symphonie No. 25 g-moll KV 183
Symphonie D-Dur nach KV 320
Maurerische Trauermusik c-moll KV 477
Sony CD 48 385 – ED: 1995

Konzert für Flöte, Harfe und Orchester C-Dur KV 299
Flötenkonzert No. 1 G-Dur KV 313
Flötenkonzert No. 2 D-Dur KV 314
Emmanuel Pahud – Flöte; Marie-Pierre Langlamet – Harfe
EMI 565-556 365-2

Messe c-moll KV 427
Arleen Augér – Sopran; Barbara Bonney – Sopran; Hans-Peter
Blochwitz – Tenor; Robert Holl – Baß; Rundfunkchor Berlin
Sony CD 46 671 – ED: 1991

Requiem d-moll KV 626
»Betrachtet dies Herz« aus Grabmusik KV 42 (35a)
»Laudate Dominum« aus Vesperae solennes de confessore
KV 339
Karita Mattila – Sopran; Rachel Harnisch – Sopran; Sara
Mingardo – Mezzosopran; Michael Schade – Tenor; Bryn
Terfel – Baßbariton; Schwedischer Rundfunkchor
DG 463 181-2 – ED: 1999 – Konzertmitschnitt vom 16. Juli
1999 im Dom zu Salzburg, in memoriam Herbert von Karajan

Modest Mussorgski

Boris Godunow (Originalversion)
Valentina Valente – Sopran; Marjana Lipovsek – Mezzoso-
pran; Liliana Nichiteanu – Mezzosopran; Jelena Zaremba –
Mezzosopran; Eugenia Gorotschowskaja – Alt; Alexander Fe-
din – Tenor; Philip Langridge – Tenor; Sergei Larin – Tenor;
Helmut Wildhaber – Tenor; Albert Schagidullin – Bariton;
Anatol Kotscherga – Baß; Sergej Leiferkus – Baß; Gleb Nikol-
sky – Baß; Samuel Ramey – Baß; Tölzer Knabenchor; Slowak.
Philh. Chor; Rundfunkchor Berlin
Sony CD 58 977 (3 CD) – ED: 1994 – Ges.-Aufn. (russ.)

Orchesterphantasie »Eine Nacht auf dem kahlen Berge«
Auszüge aus der Oper »Chowanschtschina«
Scherzo B-Dur (1858)
Intermezzo h-moll in modo classico (1867)
Marsch aus »Mlada«
Mariana Tarasowa – Mezzosopran; Anatol Kotscherga – Baß;
Südtiroler Kinderchor; Rundfunkchor Berlin
Sony CD 62 034 – ED: 1997

Bilder einer Ausstellung (orch. M. Ravel)
Orchesterphantasie »Eine Nacht auf dem kahlen Berge«
Die Niederlage Sennacheribs (orch. N. Rimsky-Korsakov)
Chor der Priesterinnen aus »Salambo« (orch. N. Rimsky-Kor-
sakov)
Chor des Volkes im Tempel aus »Oedipus in Athen« (orch. N.
Rimsky-Korsakov)
Joshua (orch. N. Rimsky-Korsakov)
Jelena Zaremba – Mezzosopran; Philharmonischer Chor Prag
DG 445 238-2 – ED: 1994 – Konzert-Mitschnitte 5/1993 u.
9/1993

Sergej Prokofjew

Klavierkonzert No. 1 Des-Dur op. 10
Klavierkonzert No. 3 C-Dur op. 26
Jewgeni Kissin – Klavier
DG 439 898-2 – ED: 1994 – Aufn. 09/1993

»Romeo und Julia« op. 64
Auszüge aus der Ballettmusik und den Suiten No. 1 op. 64a,
No. 2 op. 64b und No. 3 op. 101
DG 453 439-2

Sergej Rachmaninow
Klavierkonzert No. 2 c-moll op. 18
Klavierkonzert No. 3 d-moll op. 30
Lilya Zilberstein – Klavier
DG 439 930-2 – ED: 1994 – Konzert-Mitschnitte 11/1991 u.
9/1993

Gioacchino Rossini
Il Viaggio a Reims (Die Reise nach Reims)
Nicoletta Curiel – Sopran; Barbara Frittoli – Sopran; Sylvia
McNair – Sopran; Luciana Serra – Sopran; Cheryl Studer – So-
pran; Lucia Valentini Terrani – Mezzosopran; Raúl Giménez –
Tenor; William Mantenuzzi – Tenor; Bojidar Nikolow – Tenor;
Lucio Gallo – Bariton; Claudio Otelli – Bariton; Giorgio Surian
– Bariton; Enzo Dara – Baßbariton; Ruggero Raimondi – Baß;
Samuel Ramey – Baß; u. a.; Rundfunkchor Berlin
Sony CD 53 336 (2 CD) – ED: 1993 – Ges.-Aufn. (ital.)

Robert Schumann
Konzert für Klavier und Orchester a-moll op. 54
Symphonische Etüden op. 13
Arabeske C-Dur op. 18
Maurizio Pollini – Klavier
DG 445 522-2 – ED: 1994

Klavierkonzert a-moll op. 54
Introduktion und Allegro appassionato G-Dur op. 92
Introduktion und Allegro concertante D-Dur op. 134
Murray Perahia – Klavier
Sony CD 64 577 – ED: 1997

Szenen aus Goethes »Faust«
Barbara Bonney – Sopran; Karita Mattila – Sopran; Brigitte
Poschner-Klebel – Sopran; Susan Graham – Mezzosopran; Iris
Vermillion – Mezzosopran; Hans-Peter Blochwitz – Tenor;

Endrik Wottrich – Tenor; Bryn Terfel – Bariton; Harry Peeters – Baß; Jan Hendrik Rootering – Baß; Schwedischer Rundfunkchor, Kammerchor Eric Ericson , Tölzer Knabenchor
Sony CD 66 308 (2 CD) ED: 1994

Richard Strauss

Don Juan op. 20
Burleske für Klavier und Orchester d-moll op. 11 AV 85 (1885/86)
Till Eulenspiegels lustige Streiche op. 28
Terzett und Finale aus »Der Rosenkavalier« op. 59
Kathleen Battle – Sopran; Renée Fleming – Sopran; Frederica von Stade – Mezzosopran; Andreas Schmidt – Bariton; Martha Argerich – Klavier
Sony CD 52 565 – ED: 1993 – Silvesterkonzert 1992

Vier letzte Lieder*
Frühling
September
Beim Schlafengehen
Im Abendrot

Lieder für Gesang und Orchester
Gesang der Apollopriesterin op. 33 No. 2
Freundliche Visionen op. 48 No. 1
Cäcilie op. 27 No. 2
Verführung op. 33 No. 1
Frühlingsfeier op. 56 No. 5
Waldseligkeit op. 49 No. 1
Karita Mattila – Sopran
DG 445 182-2 – ED: 1999 – *Konzertmitschnitt

Pjotr Iljitsch Tschaikowski

Klavierkonzert No. 1 b-moll op. 23
Nußknacker-Suite op. 71a nach Tschaikowski (arrangiert für 2 Klaviere)
Martha Argerich – Klavier; Nicolas Economou – Klavier
DG 449 816-2 ED: 1996

Symphonische Phantasie nach Shakespeare f-moll op. 18 »Der Sturm«*
Slawischer Marsch op. 31
Phantasie-Ouvertüre nach Shakespeares »Romeo und Julia«*
Ouverture solonnelle »1812« op. 49
DG 453 496-2 – ED: 1999 – * Konzertmitschnitt

Giuseppe Verdi
Verdi per due – Duette aus Verdi-Opern:
»Don Carlos«, »Rigoletto«, »I Lombardi«, »Simon Bocca-negra«, »I Vesperi Siciliano«, »Il Trovatore«, »Aida«, »La Tra-viata«
Roberto Alagna – Tenor; Angela Gheorghiu – Sopran
EMI 5 56 656-2 – ED: 1998

Richard Wagner
Wagner-Gala
Ouvertüren und Arien aus »Tannhäuser«, »Lohengrin«, »Mei-stersinger«, »Walküre«
Cheryl Studer – Sopran; Waltraud Meier – Mezzosopran; Sieg-fried Jerusalem – Tenor; Bryn Terfel – Bariton
DG 439 768-2 – ED: 1994 – Silvesterkonzert 1993

A ntholo gien
Georges Bizet, Johannes Brahms, Sergej Rachmaninow, Maurice Ravel, Pablo de Sarasate
Die Berlin Gala »A Salute to Carmen«
Bizet:
Carmen: Oper in 4 Akten (Meilhac und Halévy n. Merimée)
Vorspiel 1. Akt
Euren Toast... Auf in den Kampf
Torerolied d. Escamillo
2. Akt instrumental
Torero-Marsch
Ha, sie naht (Les voici! Voisi la Quadrille) Schmugglerchor
4. Akt
Ja, die Liebe hat bunte Flügel
(L'amour est un) Habanera
Hier an dem Herzen treu geborgen

(La fleur que tu m'avais jetée) Blumenarie Don José 2. Akt
Wenn Dir die Karten einmal bittres Unheil künden
(Carreau, Pique, la mort... En vain pour eviter) 3. Akt
Brahms:
Ungarische Tänze No. 5 g-moll
Rachmaninow:
Rhapsodie op. 43 (1934) nach einem Thema für Klavier und
Orchester
Ravel:
Rhapsodie espagnol (1907/08)
No. 1 Prélude à la nuit
No. 2 Malagueña
No. 3 Habanera (n. Sites auriculaires No. 1)
No. 4 Feria
Sarasate:
Carmen-Fantasie op. 25 (1883) für Violine und Orchester
Véronique Gens – Sopran; Stella Doufexis – Mezzosopran;
Anne Sofie von Otter – Mezzosopran; Roberto Alagna – Tenor;
Bryn Terfel – Baß; Gil Shaham – Violine; Michael Pletnew –
Klavier; Südtiroler Kinderchor; Orfeon Donostiarra (Chor)
DG 457 583-2 – ED: 1998 – Silvesterkonzert 1997

Alexander Glasunow und Pjotr IljitschTschaikowski
Tschaikowski: Konzert für Violine und Orchester D-Dur
op. 35
Glasunow: Konzert für Violine und Orchester a-moll op. 82
Maxim Vengerov – Violine
Tel 4 509 90 881-2

György Kurtág und Karlheinz Stockhausen
Stockhausen: Gruppen
Kurtág: Grabstein für Stephan Stein op. 15c – Stele op. 33
Marcus Creed; Friedrich Goldmann; Jürgen Ruck – Gitarre
DG 447 761-2 – ED: 1996 – Aufn. 1994

Wolfgang Amadeus Mozart und Richard Strauss
Mozart:
Ruhe sanft, mein holdes Leben KV 344
Nehmt meinen Dank, Ihr holden Gönner KV 383
Mia speranza adorata! Ah non sai qual pena sia KV 416

Vorrei spiegarvi, oh Dio! – Ah conte, partite! KV 418
Ch'io mi scordi di te? Non temer, amorato bene KV 505
Exsultate, jubilate KV 165
Strauss:
Wiegenlied op. 41 No. 1
Das Rosenband op. 36 No. 1
Liebeshymnus op. 32 No. 3
Das Bächlein o. op. AV 118
Morgen! op. 27 No. 4
Christine Schäfer – Sopran
DG 457 582-2 – ED: 1998

Wolfgang Amadeus Mozart, Claude Debussy, Toru Takemitsu

Mozart: Klarinettenkonzert A-Dur KV 622
Debussy: Première Rapsodie
Takemitsu: Fantasma/Cantos
Sabine Meyer – Klarinette und Bassettklarinette
EMI 5 56832 2 – ED: 1999 – Konzertmitschnitt 12/1998

Luigi Nono und Gustav Mahler

Nono: Il Canto sospeso
Mahler: Kindertotenlieder
Ich bin der Welt abhanden gekommen
Barbara Bonney – Sopran; Marjana Lipovsek – Mezzosopran;
Susanne Otto – Mezzosopran; Marek Torzewski – Tenor; Susanne Lothar – Sprecherin; Bruno Ganz – Sprecher; Rundfunkchor Berlin
Sony CD 53 360 – ED: 1992

Maurice Ravel und Sergej Prokofjew

Prokofjew: Konzert für Klavier und Orchester No. 3 C-Dur op. 26
Ravel: Konzert für Klavier und Orchester G-Dur
Gaspard de la nuit
Martha Argerich – Klavier
DG 447 438-2 – Aufn. 1967

Arnold Schönberg und Robert Schumann

Schönberg: Konzert für Klavier und Orchester op. 42

Schumann: Konzert für Klavier und Orchester a-moll op. 54
Maurizio Pollini – Klavier
DG 427 771-2 – ED: 1990 – Aufn. 09/1989, 09/1988

Pjotr Iljitsch Tschaikowski und Modest Mussorgski
Mussorgski: Lieder und Tänze des Todes Nos. 1-4
Tschaikowski: Symphonie No. 5 e-moll op. 64
Anatol Kotscherga – Baß
Sony CD 66 276 – ED: 10/1994 – Konzert-Mitschnitt

Peter Iljitsch Tschaikowski und Dmitri Schostakowitsch
Tschaikowski: Konzert für Violine und Orchester D-Dur
op. 35
Schostakowitsch: Konzert für Violine und Orchester Nr. 1
a-moll op. 77
Midori – Violine
Sony CD 68 338 – ED: 1998

Hölderlin-inspirierte Musik
Brahms: Schicksalslied op. 54
Strauss: Drei Hymnen op. 71
Reger: An die Hoffnung op. 124
Rihm: Hölderlin-Fragmente für Stimme und Orchester (1977)
Karita Mattila – Sopran; Johannes M. Kösters – Bariton;
Chor des Mitteldeutschen Rundfunks Leipzig
Sony CD 53 975 – Konzert-Mitschnitt 1993

Prometheus, der Mythos in der Musik
Beethoven: »Die Geschöpfe des Prometheus« op. 43 (Ausschnitte)
Liszt: Prometheus, Sinfonische Dichtung No. 5 (1850)
Skrjabin: Prometheus op. 60
Skrjabin: Le poème du feu
Nono: Prometeo Suite (1992); Tragedia dell'ascolto (Cacciari)
Ingrid Ade-Jesemann – Sopran; Monika Bair-Ivenz – Sopran;
Susanne Otto – Alt; Peter Hall – Tenor; Ulrike Krumbiegel –
Sprecherin; Mathias Schadock – Sprecher; Martha Argerich –
Klavier; Berliner Singakademie; Solistenchor Freiburg
Sony CD 53 978 – ED: 1994 – Konzert-Mitschnitt 1993

JUGENDORCHESTER
Das European Community Youth Orchestra
Hector Berlioz
Te Deum
Franzisco Araiza – Tenor; London Symphony Chorus,
London Philharmonic Choir, Wooburn Singers
DG 410 696-2

Das Chamber Orchestra of Europe
Joseph Haydn
Symphonie No. 102 B-Dur
Symphonie No. 103 Es-Dur
DG 449 204-2 – ED: 1996 – Aufn. 01/1994, 03/1995

Symphonie No. 98 B-Dur
Symphonie No. 100 G-Dur
Ouvertüre zu »Il Mondo della luna« H 28:7
DG 439 932-2 – ED: 1995 (nicht mehr im Handel) – Aufn.
06/1993, 02/1992

Wolfgang Amadeus Mozart
Don Giovanni
Keenlyside – Salminen – Remigio – Heilmann – Isokoski –
Terfel – D'Arcangelo – Pace
DG 457 601-2 (3 CD) – ED: 1998 – Ges.-Aufn. (ital.)

Klavierkonzerte
No. 17 G-Dur KV 453 und No. 21 C-Dur KV 467
Maria Joao Pires – Klavier
DG 439 941-2 – ED: 1995 – Aufn. 06/1993

Violinkonzerte
No. 4 D-Dur KV 218 und No. 7 D-Dur KV 271a
Sonate für Violine und Klavier (Cembalo) KV 454
David Garrett – Violine; Itamar Golan – Klavier
DG 447 110-2 – ED: 1995 – Aufn. 01/1994, 03/1995

Sergej Prokofjew
Peter und der Wolf op. 67
Symphonie Nr. 1 D-Dur op. 25
Marsch B-Dur op. 99
Ouvertüre c-moll op. 34
Barbara Sukowa – Sprecherin; Stefan Vladar, Klavier
DG 427 678-2 – ED: 1990 – Aufn. 11/1988

Sting – Sprecher (engl. Version)
DG 429 396-2

Konzert für Violine und Orchester No. 1 D-Dur op. 19
Konzert für Violine und Orchester No. 2 g-moll op. 63
Ouvertüre über hebräische Themen op. 34
Marsch B-Dur op. 99
Shlomo Mintz – Violine
DG 445 607-2 – ED: 1999

Gioacchino Rossini
Il Barbiere di Siviglia (Der Barbier von Sevilla)
Kathleen Battle – Plácido Domingo – Frank Lopardo – Lucio
Gallo – Ruggero Raimondi; Coro del Gran Teatro La Fenice
DG 435 763-2 (2 CD) – Ges.-Aufn. (ital.)

Il Viaggio a Reims (Die Reise nach Reims)
Katia Ricciarelli – Sopran; Lucia Valentini Terrani – Mezzoso-
pran; Francisco Araiza – Tenor; Leo Nucci – Bariton; Enzo
Dara – Baß; Ruggero Raimondi – Baß; Samuel Ramey – Baß;
u. a.; Philh. Chor Prag
DG 415 498-2 (3 CD) – ED: 1985 – Ges.-Aufn. (ital.) 08/1984

Ouvertüren
La Cenerentola (Aschenbrödel)
Il Barbiere di Siviglia (Der Barbier von Sevilla)
La Gazza Ladra (Die diebische Elster)
L'Italiana in Algeri (Die Italienerin in Algier)
La Scala di Seta (Die seidene Leiter)
Semiramide (Semiramis)
Guglielmo Tell (Wilhelm Tell)
DG 431 653-2 – ED: 1991

Franz Schubert

Symphonie No. 1 D-Dur D 82
Symphonie No. 2 B-Dur D 125
DG 423 652-2

Symphonie No. 3 D-Dur D 200
Symphonie No. 4 c-moll D 417
DG 423 653-2

Symphonie No. 5 B-Dur D 485
Symphonie No. 6 C-Dur D 589
DG 423 654-2

Symphonie No. 8 h-moll D 759
Grand Duo C-Dur D 812 (Instrumentalfassung für Orchester
Joseph Joachim)
DG 423 655-2

Symphonie No. 9 C-Dur D 944
Ouvertüre zu »Rosamunde«
Ouvertüre zu »Die Zauberharfe« D 644
DG 423 656-2

8 Symphonien
Ouvertüre zu »Rosamunde« D 797
Grand Duo C-Dur D 812 (Instrumentalfassung für Orchester
Joseph Joachim)
DG 423 651-2 (5 CD) – ED: 1988

Fierrabras
Karita Mattila – Sopran; Cheryl Studer – Sopran; Brigitte Bal-
leys – Alt; Robert Gambill – Tenor; Peter Hofmann – Tenor; Josef Protschka – Tenor; Thomas Hampson – Bariton; Hartmut
Welker – Bariton; Robert Holl – Baß; László Polgár – Baß;
u. a.; Arnold-Schönberg-Chor Wien
DG 427 341-2 (2 CD) – ED: 05/1988 – Ges.-Aufn. (Live Wien
1988)

Musik zu »Rosamunde« D 797
Anne Sofie von Otter – Mezzosopran; Ernst-Senff-Chor Berlin
DG 431 655-2 – ED: 1991 – Ges.-Aufn.

Antonio Vivaldi
  Die vier Jahreszeiten op. 8, 1-4/ Concerti grossi g-moll F 12,3
  Konzerte für Violine(n), Streicher und B. c. F 1 (z. T. bearbeitet)
  Viktoria Mullova
  Ph 420 216-2

Salvatore Sciarrino, György Ligeti und Arnold Schönberg
  Ligeti: 6 Bagatellen für Bläserquintett (1953)
  Ligeti: Konzert für Flöte, Oboe und Orchester (1972)
  Schönberg: Kammersymphonie No. 1 op. 9 (1906)
  Sciarrino: Selbstbildnis in der Nacht
  Jacques Zoon – Flöte; Douglas Boyd – Oboe; Richard Hosford
  – Klarinette; Matthew Wilkie – Fagott; James Sommerville –
  Horn
  DG 449 215-2 – ED: 1997

Robert Schumann und Franz Schubert
  Schubert: Messe G-Dur D 167
  Schubert: Tantum Ergo Es-Dur D 962
  Schubert: 23. Psalm D 706
  Schumann: Requiem für Mignon op. 98b
  Barbara Bonney – Sopran; Brigitte Poschner – Sopran; Marga-
  retha Hintermeier – Alt; Dalia Schaechter – Alt; Jorge Antonio
  Pita – Tenor; Andreas Schmidt – Baß; Katrine Bryndorf – Or-
  gel; Chor der Wiener Staatsoper
  DG 435 486-2 – ED: 1992 – Konzert-Mitschnitt Wien 1990

Die Festivals »Wien Modern«
Wien modern
  Boulez: Notations I-V (1945/1978)
  Ligeti: Atmosphères (1961) – Lontano (für großes Orchester)
  Nono: Canto d'amore: Terra sei tu (Nono) / Liebeslied: Erde,
  bist du (Sablich)
  Rihm: Départ (1988) – Assez vu (nach Rimbaud: »Les Illumi-
  nations«)
  Wiener Jeunesse-Chor – Wiener Philharmoniker
  DG 429 260-2 – ED: 1990 – Konzert-Mitschnitt 10/1988

Wien modern II – Hommage à Andrej Tarkowskij

Nono: No hay caminos, hay que caminar . . . Andrej Tarkowskij

Kurtág: Samuel Beckett – What Is The Word op. 30b

Furrer: Face de la chaleur I

Rihm: Bildlos – Weglos

Annet Zaire – Sopran; Ildikó Monyok – Sprecher; Wissam Boustany – Flöte; Ernesto Molinari – Klarinette; Thomas Larcher – Klavier; Arnold-Schönberg-Chor

Ensemble Anton Webern

DG 437 840-2 – ED: 1996 – Aufn. 10/1991

Wien modern III

Dallapiccola: Piccolo musica notturna per complesso da camera (1954)

Henze: Mänadenjagd aus »Die Bassariden«, Opera seria in 1 Akt (1965/66)

Symphonische Intermezzi aus »Boulevard Solitude« (1951)

Perezzani: Primavera dell'anima für Orchester (1990)

Xenakis: Keqrops für Klavier und Orchester (1986)

Roger Woodward – Klavier

Gustav Mahler Jugend Orchester

DG 447 115-2 – ED: 1997 – Aufn. 10/1992

Opern und Konzerte auf Videocassetten

Johannes Brahms

Musikverein in Vienna 1997

Brahms: Ein deutsches Requiem/A German Requiem op. 45

Barbara Bonney; Bryn Terfel; Swedish Radio Choir; Eric Ericson Chamber Choir; Berliner Philharmoniker

TDK Collection DVD/VHS-Video recorded at the Musikverein, Vienna 3. 4. 1997

Leoš Janácek

Aus einem Totenhaus

Elzbieta Szmytka; Philip Langridge; Heinz Zednik; Monte Pederson; Nicolai Ghiaurov; Barry McCauley u. a.; Chor und Orchester der Wiener Staatsoper

DG VHS 072 139-3 – Ges.-Aufn. (tschech.) – Salzburg 1992

Wolfgang Amadeus Mozart
  Le Nozze di Figaro (Die Hochzeit des Figaro)
  Raimondi – Studer – Gallo – McLaughlin – Sima – Lilowa –
  Mazzola
  Chor und Orchester der Wiener Staatsoper
  Sony VHS SHV 46 406 – Ges.-Aufn.

Gioacchino Rossini
  La Cenerentola (Das Aschenbrödel)
  Frederica von Stade; Margherita Guglielmi; Laura Zannini;
  Francisco Araiza; Claudio Desderi; Paolo Montarsolo; Coro e
  Orchestra del Teatro alla Scala
  Regie: Jean Pierre Ponelle
  DG VHS 072 502-3 – Ges.-Aufn.

  Il Barbiere di Siviglia (Der Barbier von Sevilla)
  Teresa Berganza; Luigi Alva; Hermann Prey; Enzo Dara; Paolo
  Montarsolo; Coro e Orchestra del Teatro alla Scala
  Regie: Jean-Pierre Ponnelle
  DG VHS 072 404-3

Sergej Prokofjew
  Peter and the Wolf
  Symphonie Classique
  Ouvertüre über hebräische Themen op. 34b
  Marsch op. 99
  Sting; The Chamber Orchestra of Europe
  Regie: Christopher Swann, Roger Law, Steve Bendelack
  DG VHS 073 101-3

Europakonzert Prag 1991
  Don Giovanni:
  Ouvertüre, Nr. 23 Rezitativ und Arie: »Crudele!« – »Non mi
  dir, bell'idol mio«
  Symphonie No. 29
  Rezitativ und Arie: KV 505:
  »Chio mi scordi di te« – »Non temer, amato bene«
  Symphonie No. 35
  Cheryl Studer; Bruno Canino; Berliner Philharmoniker
  Sony VHS SHV 46 405

Europakonzert Stockholm 1998
   Richard Wagner: Overture from »Der fliegende Holländer«
   Pjotr Iljitsch Tschaikowski: Symphonic Fantasia op. 18 »The
   Tempest«
   Claude Debussy: Trois Nocturnes
   Giuseppe Verdi: Quattro pezzi sacri
   Swedish Radio Choir; Eric Ericson Chamber Choir; Berliner
   Philharmoniker
   TDK Collection DVD/VHS-Video recorded at the Vasa Mu-
   seum in Stockholm 1. 5. 1998

Waldbühne in Berlin 1996
   Italian Night
   Giuseppe Verdi:
   Overture from »Nabucco«
   Chorus of Hebrew Slaves from »Nabucco«
   Vincenzo Bellini:
   «Eccomi in lieta vesta« from »I Capuleti ed i Montecchi«
   Giuseppe Verdi:
   Duet Don Carlo/Rodrigo » E lui ... O mio Rodrigo« from Don
   Carlo
   Chorus »Vedi! Le fosche notturne« from »Il Trovatore«
   Gioacchino Rossini:
   Overture from »Guglielmo Tell«
   Giuseppe Verdi:
   Overture from »La forza del destino«
   Riccardo's Aria »Forse la soglia attinse« from »Un Ballo in ma-
   schera«
   Fire chorus »Fuoco di gioia« from »Otello«
   Jago's credo »Vanne, la tua metagià vedo« from »Otello«
   Duet Desdemona/Otello »Gia nella notte densa« from
   »Otello«
   Triumph march and chorus »gloria all'Egitto« from »Aida«
   Overture from »I vespri siciliani«
   Gioacchino Rossini:
   Overture from »Il barbiere di Siviglia«
   Paul Lincke:
   Berliner Luft
   Angela Gheorghiu; Segei Larin; Bryn Terfel; Rundfunkchor
   Berlin; Berliner Philharmoniker

TDK-Collection DVD/VHS-Video recorded at the Waldbühne, Berlin 30. 6. 1996

Das klingende Haus
Ein Film von Daniele Abbado nach einem Buch von Claudio Abbado
Mit Musik von J. S. Bach, Beethoven, Debussy, Mozart, Schubert u. a.
Jewgeni Kissin – Istomin/Stern/Rose Trio
Jugendorchester eines vereinigten Europa
Sprecher: Otto Sander
Animationen: Emanuele Luzzati – Giulio Gianini
Sony VHS SHV 66 303 – ED: 1994

Neuntes Kapitel

Entwicklung

Zeittafel
zusammengetragen von Tosca Maria Bürkle

Claudio Abbado wird am 6. Juni 1933 als drittes von vier Kindern in Mailand geboren. Die Mutter, Maria Carmela, spielt und unterrichtet Klavier. Sie verfaßt mehrere Kinderbücher mit Märchen und Geschichten aus ihrer Heimat Sizilien.

Der Vater Michelangelo ist Geiger, Musiklehrer und Verfasser einer Geigenschule. Er gründet ein Streichorchester, mit dem er nach dem Krieg in europäischen Städten Tourneen unternimmt.

Claudio lernt zu Hause wie auch sein acht Jahre älterer Bruder Marcello, der Pianist und Musiklehrer wird, Klavier spielen. Seine Schwester Luciana übt Geige, sie arbeitet später bei dem Musikverlag Ricordi. Der jüngste Bruder Gabriele wird Architekt.

Claudio Abbado erhält neben der Schule Privatunterricht in Klavier und Komposition. Er spielt in mehreren Kirchen die Orgel.

1949-1957

Abbado studiert Orchesterleitung, Komposition und Klavier am Mailänder Konservatorium Giuseppe Verdi u. a. bei Calace, Paribeni, Bettinelli und Votto (1953 Diplom für Klavier, 1955 Diplom für Komposition und Orchesterleitung).

Dann studiert er an der Wiener Musik-Akademie gemeinsam mit Zubin Mehta bei Hans Swarowsky, seinerseits Schüler von Anton Webern. Mehta und Abbado singen im Chor des Musikvereins. In Wien entdeckt er die moderne Literatur, Malerei und die Musik von Berg, Webern, Schönberg, Bruckner und Mahler. Hier beginnt auch sein politisches Engagement.

1958

Abbado beteiligt sich am Dirigenten-Wettbewerb in Tanglewood, USA, und gewinnt den Koussewitzky-Preis. Er schlägt ein Angebot aus, ein amerikanisches Orchester zu übernehmen, und erarbeitet sich in Italien ein breitgefächertes Repertoire. In Triest führt er mit den Wiener Symphonikern *Nobilissima Visione* von Hindemith auf.

Abbados Sohn Daniele aus seiner Ehe mit Giovanna Gavazzone wird geboren.

1960

Zum Festkonzert anläßlich des 300. Geburtstags von Alessandro Scarlatti kann Abbado vor großem Publikum als Dirigent an der Mailänder Scala debütieren.
Tochter Alessandra kommt zur Welt.

1961-1963

Abbado unterrichtet Kammermusik am Konservatorium in Parma, wo er neben der musikpädagogischen auch praktische Erfahrung als Pianist und Dirigent in verschiedenen Ensembles sammelt.
Am 27. Oktober 1963 dirigiert er das erste Konzert mit dem Radio Symphonie Orchester in Berlin: Es ist ein Programm mit Tschaikowskys *Romeo und Julia,* Beethovens Klavierkonzert Nr. 3 (mit Maurizio Pollini) und Prokofjews Symphonie Nr. 3.
In New York gewinnt er den ersten Preis beim Mitropoulos-Dirigentenwettbewerb mit Stücken von Brahms und Strawinsky, gespielt vom New York Philharmonic Orchestra.
Abbado wird für ein Jahr Assistent von Leonard Bernstein.

1964

Am 18. August dirigiert Abbado ein Programm mit Bachs *Musikalischem Opfer,* Bergs *Symphonischen Stücken aus der Oper Lulu,* Rachmaninows *Rhapsodie über ein Thema von Paganini* und Ravels *La Valse* in einem Konzert der Reihe *RIAS stellt vor.*
Herbert von Karajan hört die Aufführung mit dem Radio Symphonie Orchester in Berlin und lädt Abbado ein, bei den Salzburger Festspielen ein Konzert zu geben.
In Triest führt er Sergej Prokofjews *Liebe zu den drei Orangen* und Gounods *Faust* auf.

1965

Am 24. März dirigiert Abbado an der Piccola Scala in Mailand mit einem fluoreszierenden Taktstock in vollkommener Dunkelheit die Uraufführung der Oper *Atomtod* von Giacomo Manzoni.
Für sein Debüt-Konzert am 14. August bei den Salzburger Festspielen schlägt er Karajan die Symphonie No. 2 von Gustav Mahler vor. Es ist seine erste Arbeit mit den Wiener Philharmonikern.

Diese Aufführung macht ihn international bekannt. Er wird mit dem Preis der holländischen Philips ausgezeichnet.
Im gleichen Jahr debütiert er beim Hallé-Orchester in Manchester.

1966
Bei den Festspielen in Edinburgh gibt Abbado mit dem New Philharmonia Orchestra die Symphonie Nr. 6 von Gustav Mahler. Auch für das Holland-Festival und für die Festspiele in Prag und Luzern erhält er Einladungen.
Dem Debüt am Pult des London Symphony Orchestra folgt im Dezember der erste Auftritt mit dem Berliner Philharmonischen Orchester: *Sinfonische Metamorphosen Carl Maria von Weberscher Themen* von Hindemith, Prokofjews Klavierkonzert Nr. 5, Schuberts Symphonie Nr. 4.

1967
Abbado eröffnet an der Mailänder Scala mit Vincenzo Bellinis *I Capuleti ed i Montecchi* die Opernsaison.
Er produziert seine erste Schallplatte mit der Deutschen Grammophon: Klavierkonzerte von Prokofjew und Ravel (mit Martha Argerich).

1968
Konzerte bei den Festivals in Prag und Luzern folgen.
In London debütiert Abbado an der Covent Garden Opera mit seiner ersten Erarbeitung der Verdi-Oper *Don Carlos,* in der Regie von Jean Pierre Ponelle.
Mit 35 Jahren wird er Leitender Dirigent des Orchesters der Mailänder Scala. Für die Saison 68/69 setzt er Strawinskys Oper *Ödipus Rex* auf den Spielplan.
In Salzburg präsentiert er zu den Festspielen die Rossini-Oper *Il Barbiere di Siviglia* in der Regie von Jean Pierre Ponelle.
An der Scala organisiert er gleich zu Beginn seiner Arbeit einen Mahler-Zyklus mit allen Symphonien (zum Teil Erstaufführungen in Italien).

1970

Abbado ergänzt das klassische Repertoire des Scala-Orchesters um Kompositionen des 20. Jahrhunderts und macht das Mailänder Publikum damit vertraut. Er bringt Alban Bergs Oper *Wozzeck* heraus.

1971

Das Wiener Philharmonische Orchester verpflichtet ihn als Hauptdirigenten.

Für die Münchner Festspiele erarbeitet er mit Otto Schenk als Regisseur die Verdi-Oper *Simon Boccanegra*. In Berlin wird seine Neueinstudierung von *Aida* an der Deutschen Oper aufgeführt.

1972

Abbado wird zum Principal Guest Conductor des London Symphony Orchestra ernannt. Mit diesem Orchester spielt er in den folgenden Jahren Stücke von Mahler, Brahms, Strawinsky, Debussy, Pergolesi, Bartók, Prokofjew, aber auch Mozart, Beethoven und Bach.

In Mailand arbeitet Abbado, inzwischen Musikdirektor der Scala, eng zusammen mit Paolo Grassi, Massimo Bogianchino und Giorgio Strehler, dem Leiter des Piccolo Teatro. Gemeinsam mit Maurizio Pollini organisiert er die Konzertreihe *Musica nel nostro tempo*. Die Projekte betonen die in Italien wenig bekannte zeitgenössische Musik. Ein unvoreingenommenes und neugieriges Publikum wird in Studenten, Angestellten und Arbeitern gesucht und gefunden. Mit Luigi Nono und Maurizio Pollini realisiert Abbado im Industriegebiet Reggio nell' Emilia nahe Bologna jeden Sommer *Musica/Realtà* genannte Workshops, bei denen Musiker, Musikwissenschaftler und Literaten diesem neuen Publikum begegnen. In Mailand führt die Idee einer offenen Scala zur Kontingentierung der Eintrittskarten, um auch weniger wohlhabenden Bevölkerungsschichten den Zugang zu hochklassigen Musikereignissen zu ermöglichen. Die Aktivitäten werden von den Gewerkschaften und der KPI unterstützt.

1974

Abbado setzt Prokofjews *L'amore delle tre Melarance,* inszeniert von Giorgio Strehler, auf das Scala-Programm.
Bei den Berliner Festspielen dirigiert er die Wiener Philharmoniker bei Schönbergs *Ein Überlebender von Warschau.*
Sohn Sebastiano aus Abbados zweiter Ehe mit Gabriella Cantaluppi wird geboren.

1975

Im Mailänder Teatro Lirico wird unter der Leitung Abbados die Oper *Al gran sole carico d'amore* von Luigi Nono in der Inszenierung von Juri Ljubimow uraufgeführt.
Beim International Festival of Youth Orchestras in Aberdeen arbeitet Abbado gemeinsam mit hochmotivierten und talentierten jungen Musikern. Diese Erfahrung bringt ihn auf die Idee, europäische Nachwuchsmusiker regelmäßig zusammenzubringen.

1976

Abbado nimmt das Angebot des Münchner Philharmonischen Orchesters, die Nachfolge des verstorbenen Chefdirigenten und Generalmusikdirektors der Stadt München, Rudolf Kempe, anzutreten, nicht an. Auch die Offerte aus Berlin, an der Deutschen Oper verantwortlich zu wirken, lehnt er ab.

1977-1978

Mailand feiert das 200jährige Bestehen der Scala. Abbado gestaltet maßgeblich die Festveranstaltungen, deren Höhepunkt die Wiederaufnahme der Verdi-Oper *Don Carlos* ist. Eine eigens konzipierte Ausstellung dokumentiert die Geschichte des Theaters.
1978 realisiert Abbado mit vielen Unterstützern die in Aberdeen entstandene Idee eines europäischen Nachwuchsorchesters. Das neugegründete European Community Youth Orchestra vereint junge Musiker aus Ländern der Europäischen Gemeinschaft. Abbado betreut die Formation als Musikdirektor und Dirigent.

1979
Abbado legt im Oktober seine 1977 begonnene Arbeit als Künstlerischer Leiter der Scala nieder, bleibt zunächst jedoch Chefdirigent. Mussorgskys *Boris Godunow* wird aufgeführt.
Mit 46 Jahren wird er Principal Conductor des London Symphony Orchestra; er dirigiert zum Auftakt am 30. September Tschaikowskys Symphonie Nr. 4 und das Klavierkonzert Nr. 1 von Brahms mit Krystian Zimmermann.

1981
Das Chamber Orchestra of Europe entsteht aus der Initiative engagierter und hochbegabter junger Musiker aus dem European Community Youth Orchestra, die regelmäßig miteinander musizieren wollen. Abbado unterstützt das neue Orchester als Künstlerischer Berater und begleitet es auf vielen Konzertreisen als Dirigent.

1982
Nach dem Vorbild der Wiener Philharmoniker gründet er das Orchestra Filarmonica della Scala mit dem Ziel, das symphonische Repertoire der Scala zu erweitern und mit den international besten Solisten zu arbeiten. Das Orchester soll ausschließlich Konzerte spielen. Die Situation an der Scala ist unbefriedigend. Abbado beschließt, die Arbeit als Chefdirigent zu beenden.

1983
Aus London kommt das Angebot von der Covent Garden Opera, Mussorgskys Oper *Boris Godunow* einzustudieren. Abbado bittet Andrej Tarkowsky, dessen Filme er sehr schätzt, die Inszenierung zu übernehmen.
Das Chicago Symphony Orchestra schließt mit Abbado einen Vertrag als Principal Guest Conductor.
Das London Symphony Orchestra verpflichtet ihn als Musikdirektor.

1984
Abbado leitet die Uraufführungen von Nonos *Prometeo. Tragedia dell'ascolto* in 1. Fassung in Venedig und in 2. Fassung ein

Jahr später in Mailand. Er übernimmt noch einmal den Posten des Musikdirektors der Scala für zwei Jahre, in denen er unter anderem mit *Il Viaggio a Reims* die vierte Rossini-Oper zur Aufführung bringt; sie gilt als bemerkenswerte Entdeckung.

1985

Auch in London findet er eine konservative Programmgestaltung vor, die er mit thematisch konzentrierten Veranstaltungen wie dem Festival *Mahler, Vienna and the 20th Century* in eine neue Richtung bringt. Die Akzeptanz zeitgenössischer Musik wird verbessert, indem diese Werke neben das klassische oder romantische Repertoire gestellt werden. Diese Kontraste vermitteln oft neue Hörerlebnisse.

1986

Das letzte Scala-Programm unter Abbados Leitung wird 1986 mit *Pelléas et Mélisande* von Debussy beschlossen. Als Programmverantwortlicher hat er das Repertoire des Scala-Orchesters von Bruckner und Mahler bis zur Zweiten Wiener Schule und zur zeitgenössischen Musik z. B. von Berio, Nono und Stockhausen erweitert. Fast jährlich gibt es eine neue Oper. Seine Veranstaltungszyklen u. a. zu Berg, Mussorgsky und Debussy markieren eine neue Qualität im Mailänder Musikleben. Die Konzerte sind von Forschungssymposien begleitet.

Im Herbst übernimmt Abbado als Musikdirektor die Wiener Philharmoniker und die Wiener Staatsoper, deren Leitung er sich mit Claus Helmut Drese teilt.

1987

Die Position des General-Musik-Direktors der Bundeshauptstadt Wien ermöglicht neue Projekte.

1988

Abbado initiiert und organisiert das Festival *Wien Modern*. Alle musikalischen Institutionen der Stadt beteiligen sich einen Monat lang an Veranstaltungen im Zeichen der zeitgenössischen Musik. Das Publikum reagiert sehr aufgeschlossen und das Festival wird zu einem unerwartet großen Erfolg. Im weiteren Verlauf entwikkelt Abbado *Wien Modern* zum jährlich stattfindenden interdisziplinären Festival für zeitgenössische Kunst.

Wien ist auch der Ort für Abbados Uraufführung von Wolfgang Rihms Oper *Die Abreise*.

Mit dem Gustav Mahler Jugendorchester entsteht, wiederum auf Initiative Abbados, ein Ensemble für junge Musiker aus ost- und westeuropäischen Ländern. Er leitet und betreut auch dieses Jugendorchester.

1989

Abbado spielt am 21. Januar die selten gezeigte Oper *Chowanschtschina* von Mussorgsky an der Wiener Staatsoper in der Regie von Kirchner und Wonder.

Im Juni startet *Elektra* von Strauss in der Inszenierung von Harry Kupfer.

Am 8. Oktober wird der inzwischen 56jährige Abbado von den Musikern des Berliner Philharmonischen Orchesters zum Künstlerischen Leiter und Chefdirigenten gewählt.

1990

An der Wiener Staatsoper leitet Abbado am 10. Juni die Aufführung der kaum gespielten Oper *Fierrabras* von Schubert in der Inszenierung von Ruth Berghaus und Hans Dieter Schaal.

Am 1. September unterzeichnet der neue Chefdirigent des BPLO seinen zunächst auf sieben Jahre befristeten Vertrag mit dem Senat.

1991

Abbado initiiert einen internationalen Kompositionswettbewerb in Wien.

Das diesjährige Festival *Wien Modern* steht im Zeichen einer Hommage an den verstorbenen Andrej Tarkowsky. Das Ensemble Anton Webern debütiert mit dem Stück *No hay caminos, hay que caminar ... Andrej Tarkowsky*, das Nono dem Regisseur gewidmet hatte, und mit Werken von Rihm, Furrer und Kurtág. Das Ensemble ist eine von Abbado vorwiegend aus Mitgliedern des Gustav Mahler Jugendorchesters zusammengestellte Formation.

Am 9. Oktober tritt Abbado von den Ämtern des Musikdirektors und des Dirigenten der Wiener Staatsoper zurück.

In Berlin erneuert Abbado die philharmonischen Programme, indem er sie für jede Spielzeit in einen thematischen Rahmen stellt. Theater und Tanz, Filme, Lesungen, Vortragsreihen und Ausstellungen widmen sich ebenfalls dem Grundthema, diesmal dem *Prometheus*.

Abbado erläutert, im Gespräch mit Lidia Bramani, die Idee der übergreifenden Programmgestaltung in seinem in Mailand erschienen Buch *Musica sopra Berlino*.

1992

Zur Wiedereröffnung der Berliner Philharmonie erklingen Schönbergs *Gurre-Lieder*.

Abbado fördert den kammermusikalischen Nachwuchs gemeinsam mit der Cellistin Natalia Gutman, mit der er die jährlich stattfindenden *Berliner Begegnungen – Kammermusiktreffen* im Rahmen der Berliner Festwochen organisiert: Hier proben junge Talente gemeinsam mit erfahrenen Instrumentalisten.

Der diesjährige Berliner Zyklus ist Friedrich Hölderlin und der von seinem Werk inspirierten Musik gewidmet.

Bei den Salzburger Festspielen dirigiert Abbado Janáčeks Oper *Aus einem Totenhaus*.

1993

Die konzertante Aufführung des *Boris Godunow* in der Berliner Philharmonie erregt Aufsehen. Zyklische Veranstaltungen zu *Die Mythen der griechischen Antike*.

1994

Herbert Wernicke ergänzt die konzertante Aufführung des *Boris* szenisch für die Salzburger Festspiele.

In der Nachfolge von Sir Georg Solti übernimmt Abbado die Künstlerische Leitung der Salzburger Osterfestspiele. Er gründet die Reihe *Kontrapunkte*. Hier werden kammermusikalische Kontraste und thematische Weiterführungen des durch die Oper vorgegebenen Stoffes zu Gehör gebracht. Kammermusikensembles der Berliner Philharmoniker sind daran beteiligt. Thema des Berliner Zyklusprogramms ist *Faust*.

1995

Abbado dirigiert die von Lew Dodin inszenierte Oper *Elektra* von Strauss bei den Salzburger Osterfestspielen. Im Rahmen eines auf Abbados Initiative hin ausgeschriebenen Wettbewerbs werden jährlich Preise für Bildende Kunst, Komposition und Literatur an herausragende Künstler unter 40 Jahren vergeben. Die Trägerschaft hat Eliette von Karajan übernommen.

Abbados Buch *Das klingende Haus* erscheint. Es handelt sich um eine für junge Menschen gedachte Einführung in die Welt der Musik.

Abbado verlängert seinen Vertrag mit dem Berliner Philharmonischen Orchester bis 2002. Den diesjährigen Veranstaltungszyklus zu *William Shakespeare* eröffnet er mit Verdis *Othello*.

Mitte Dezember wird Mahlers Zweite Symphonie aufgeführt.

1996

Ermanno Olmi inszeniert den *Othello* für die Osterfestspiele in Salzburg. Zyklusthema in Berlin ist *Berg/Büchner*.

1997

Abbado produziert mit den Berliner Philharmonikern Alban Bergs *Wozzeck* in der Regie von Peter Stein für die Salzburger Osterfestspiele. Das Berliner Zyklusthema heißt *Der Wanderer*.

Abbado gründet mit einer Gruppe von 50 Musikern, die aus dem Gustav Mahler Jugendorchester hervorgegangen ist, das Gustav Mahler Chamber Orchestra (MCO). Dieses Kammerorchester mit Sitz in Berlin gastiert zweimal jährlich als *orchestra in residence* in Ferrara, wo es seine Programme einstudieren kann.

1998

Im Februar überrascht Abbado die Öffentlichkeit mit seiner Absicht, nach Vertragsende im Jahr 2002 die Leitung des Berliner Philharmonischen Orchesters abzugeben.

An der Staatsoper Unter den Linden findet die Premiere des *Falstaff* statt. Die mit dem Staatsopernorchester einstudierte Produktion unter der Regie von Jonathan Miller ist nach *Aida* die zweite Oper, die Abbado in Berlin aufführt.

Der Programmzyklus 1998-2000 dreht sich um *Tristan und Isolde – Der Mythos von Liebe und Tod.*

1999

Abbado erarbeitet mit dem MCO Verdis *Falstaff* in Ferrara. Bei den Osterfestspielen führt Abbado Wagners Oper *Tristan und Isolde* (in der Regie von Klaus Michael Grüber) auf.

2000

Mit dem MCO erarbeitet Abbado Mozarts *Così fan tutte* in Ferrara.

Bei den Osterfestspielen wird eine Neuproduktion von Giuseppe Verdis Oper *Simon Boccanegra* in der Regie von Peter Stein von Claudio Abbado vorgestellt.

Für das Jahr 2001 plant Abbado eine Produktion dieser Oper mit dem MCO in Ferrara. Zu den Osterfestspielen wird das Berliner Philharmonische Orchester den *Falstaff* aufführen.

Das Motto seines neuen Konzertzyklus in Berlin heißt: *Musik ist Spaß auf Erden.*

Anhang

Anmerkungen

Der statt eines Vorwortes abgedruckte Text folgt dem Vortrag von Luigi Nono: *L'erreur comme nécessité*, S. 270.

1 Zitiert in: Heinrich Reimann, Johannes Brahms, S. 57.
2 Zitiert bei Siegfried Kross, Johannes Brahms, der Sinfoniker, S. 67.
3 Arnold Schönberg, Brahms, der Fortschrittliche, S. 56.
4 Thomas Mann, Der Zauberberg, S. 6, 7, 8.
5 Camilla Cederna, Der Tempel von Mailand, in: Alice Vollenweider, Italienische Reise, S. 89.
6 Ferruccio Busoni, Entwurf einer neuen Ästhetik der Tonkunst, S. 11.
7 Kinderlied aus Palermo, abgedruckt in: Canzuni e Ninnenanne, S. 11.
8 Alfred A. Tomatis, Der Klang des Lebens, S. 61.
9 Kinderlied aus Palermo, Canzuni e Ninnenanne, ebd., S. 7.
10 Dante: Die göttliche Komödie, Das Paradies, XI, 1–12.
11 Gianandrea Gavazzeni, Musica tra le macerie, in: Le Feste Musicali. In Auszügen übersetzt von Judith Elze und Tosca Maria Bürkle.
12 Eugenio Montale, Gedichte, S. 127 f.
13 Gemeint ist Beethovens Quartett für Pianoforte, Violine, Bratsche und Violoncello, das auch in der Fassung als Quintett für Oboe, Klarinette, Horn, Fagott und Klavier vorliegt.
14 Entweder hat Abbados Vater Mozarts Quintett für Bläser und Klavier (Es-Dur op. 452) für Streicher und Klavier umgeschrieben oder es ist eines der beiden Klavierquartette Es-Dur KV 493 bzw. g-moll KV 478 gemeint.
15 Elisabeth Furtwängler, Über Wilhelm Furtwängler, S. 69.
16 Hugo von Hofmannsthal, Buch der Freunde, S. 270.
17 Federico Fellini, zitiert in: Michael Töteberg, Federico Fellini, S. 48 f.
18 Werner Resel, Cellist der Wiener Philharmoniker, im Interview mit Paul Smaczny, Archiv EuroArts 1995.

19 Albrecht Dümling, Als stünde Mahler selbst am Pult, in: Der Tagesspiegel, 15. 12. 1995, S. 28.

20 Bruno Walter, Thema und Variationen, S. 120.

21 Dümling, ebd.

22 Bruno Walter, ebd., S. 106f.

23 Ebd., S. 115.

24 Ebd.

25 Arnold Schönberg, Mahler, in: ders., Stil und Gedanke, S. 15.

26 Brief an Max Marschalk vom 20. März 1896, in: Gustav Mahler, Briefe, hrsg. von Herta Blaukopf, S. 147.

27 Vgl. Hermann Danuser, Gustav Mahler und seine Zeit, S. 140.

28 Theodor W. Adorno, Mahler. Eine musikalische Physiognomik, in: Schriften, Bd. 13, S. 175.

29 Ebd., S. 176.

30 Brief an Bruno Walter, ohne Datum, Sommer 1904, in: Mahler, Briefe, ebd., S. 293.

31 Fjodor M. Dostojewski, Die Brüder Karamasow, S. 397.

32 Brief vom 14. Dezember 1901 an seine Schwester Justine; das zitierte Programm der Zweiten Symphonie ist diesem Brief beigelegt, in: Mahlers Briefe an Alma, S. 89

33 Mahler, ebd.

34 Mahler, ebd.

35 Adorno, Mahler, ebd., S. 219.

36 Hans Swarowsky, Anton von Webern, in: ders., ebd., S. 235.

37 Swarowsky, Dirigieren, in ders., ebd., zitiert in der Reihenfolge S. 79, S. 78, S. 73.

38 Leo Karl Gerhartz, Spiele, die Träumen von Menschen nachhängen . . ., in: Musik-Konzepte 10, S. 27.

39 Luigi Dallapiccola, Worte und Musik im Melodrama, in: Musik – Konzepte 10, S. 26.

40 Brief aus Neapel, vom 3. November 1849, in: Giuseppe Verdi, Briefe, S. 73.

41 Ebd.

42 Dallapiccola, ebd., S. 3f.

43 Ebd.

44 Verdi, Briefe, ebd.

45 Ebd.

46 Ebd.
47 Ebd., S. 61 f.
48 Brief Verdis an Clarina Maffei, 20. Oktober 1876, in: Verdi, Briefe, ebd. S. 260.
49 Brief Verdis an Cesaredi Sanctis, Parma 17. April 1872, in: Verdi, Briefe, ebd. S. 232.
50 Zitiert bei Gerhartz, ebd., S. 27.
51 Zitiert bei Hans Swarowsky, Wahrung der Gestalt, S. 212.
52 Stendhal, Henri Beyle, Reise in Italien, S. 4, 5, 8.
53 Brief Verdis an Guilio Ricordi, Genua, 27. Februar 1899, in: Verdi, Briefe, S. 326.
54 Giorgio Manganelli, Rom und Mailand, in: Italienische Reise, S. 78.
55 Jürg Stenzl, Luigi Nono, S. 85.
56 Zitiert bei Luigi Pestalozza, Die Erfahrungen von Musica Realtà, in: Musik im Übergang, S. 132 f.
57 Camilla Cederna, Der Tempel von Mailand, in: Italienische Reise, ebd., S. 89.
58 Cederna, ebd., S. 91.
59 Dietmar Polaczek, Die Mailänder Scala. Ein Tempel für das hohe C, Merian Jg. 38 (1985), Heft 10, S. 143.
60 Joachim Kaiser, Verdis Macbeth, Mailands Arbeiter und Pollini, Süddeutsche Zeitung, 5./6. Januar 1976.
61 Stenzl, ebd., S. 90.
62 Zitiert nach: Wien. Ein literarisches Portrait, S. 165.
63 Joachim Kaiser, Überwältigende Wiener Selbstverständlichkeiten, Süddeutsche Zeitung, 25. März 1976.
64 Hans Weigel, Das Buch der Wiener Philharmoniker, S. 95.
65 Weigel, ebd. S. 70.
66 Hermann Broch, zitiert nach: Wien. Ein literarisches Portrait, ebd., S. 12.
67 Friedrich Hölderlin, Lebenslauf, in: Sämtliche Werke, S. 186.
68 Claudio Abbado, Einleitung in eine Musikenzyklopädie.
69 Theodor W. Adorno, Fragment über Musik und Sprache, in: Quasi una fantasia, S. 12.
70 Samuel Antek, So war Toscanini, S. 86 f.
71 Antek, ebd., S. 73 f.
72 Antek, ebd., S. 50 f.

73 Antck, ebd., S. 59.

74 Antek, ebd., S. 67.

75 Antek, ebd., S. 67 f.

76 Theodor W. Adorno, Die Meisterschaft des Maestro, in: Klangfiguren, S. 73.

77 Adorno, ebd., S. 77 f.

78 Adorno, ebd., S. 84.

79 Adorno, ebd., S. 92.

80 Antek, ebd., S. 68.

81 Antek, ebd., S. 54.

82 Werner Thärichen, S. 23 f.

83 Ebd., S. 17 f.

84 Theodor W. Adorno, Wilhelm Furtwängler, in: Schriften, Band 19, S. 486.

85 Ebd.

86 Ebd., S. 469

87 Zitiert nach Curt Riess, Furtwängler. Musik und Politik, S. 225 ff. – dort sind auch die verschiedenen Versionen dieses Gesprächs abgedruckt.

88 Vgl. Christian von Krockow, Das Heilsverbrechen, in: Die Deutschen in ihrem Jahrhundert, S. 233 ff.

89 Wilhelm Furtwängler, Interpretation. Eine musikalische Schicksalsfrage, in: ders., Ton und Wort, Aufsätze und Vorträge 1918 bis 1954, S. 79, S. 81.

90 Luigi Nono, Texte. Studien zu seiner Musik, S. 200.

91 Der Bericht samt Zitaten ist entnommen aus: Gidon Kremer, Obertöne, S. 207 und ff.

92 Nono, Texte, ebd., S. 236.

93 Ebd., S. 200; das Zitat wird vom Autor im Präsens wiedergegeben.

94 Die Äußerungen von Werner Resel, Cellist der Wiener Philharmoniker, sind Auszüge aus einem Gespräch, das Paul Smaczny mit dem Musiker führte. Archiv EuroArts, Berlin, Leipzig 1995.

95 Die Äußerungen von Georg Faust, 1. Solocellist des Berliner Philharmonischen Orchesters, sind Auszüge aus einem Gespräch, das Paul Smaczny mit dem Musiker führte. Archiv EuroArts, Berlin, Leipzig 1995.

96 Die Äußerungen von Klaus Stoll, 1. Bassist des Berliner Philharmonischen Orchesters, sind Auszüge aus einem Gespräch,
   das Paul Smaczny mit dem Musiker führte. Archiv EuroArts,
   Berlin, Leipzig 1995.
97 Die Äußerungen von Sissy Schmidhuber, Solocellistin des Gustav Mahler Jugendorchesters, heute bei den Münchner Philharmonikern, sind Auszüge aus einem Gespräch, das Paul
   Smaczny mit der Musikerin führte. Archiv EuroArts, Berlin,
   Leipzig 1995.

Literaturnachweise

Abbado, Claudio, Das klingende Haus. Eine Einführung in die Welt der Musik. Aus dem Italienischen von Brigitta Grabner, Würzburg 1995.

Abbado, Claudio, Einleitung in eine Musikenzyklopädie, privates Manuskript, o. O. 1996.

Abbado, Claudio, Musica sopra Berlino, Mailand 1998.

Adorno, Theodor W., Die Meisterschaft des Maestro, in: Klangfiguren. Musikalische Schriften I, Frankfurt am Main 1959.

Adorno, Theodor W., Fragment über Musik und Sprache, in: Quasi una fantasia. Musikalische Schriften II, Frankfurt am Main 1962.

Adorno, Theodor W., Mahler. Eine musikalische Physiognomik, in: Die musikalischen Monographien, Gesammelte Schriften Band 13, Frankfurt am Main 1994 (1960).

Adorno, Theodor W., Wilhelm Furtwängler, in: Schriften Band 19, Frankfurt am Main 1984 (1968).

Antek, Samuel, So war Toscanini. Mit 84 Photographien von Robert Hupka. Vorwort von Marcia Davenport, Rüschlikon 1964.

Busoni, Ferruccio, Entwurf einer neuen Ästhetik der Tonkunst, Frankfurt am Main 1974 (1916).

Dallapiccola, Luigi, Worte und Musik im Melodrama, in: Musik – Konzepte 10, 1979, S. 26.

Dante, Die göttliche Komödie. Das Neue Leben. Italienisch/Deutsch. Darmstadt 1994. In der Übersetzung von Richard Zoozmann.

Danuser, Hermann, Gustav Mahler und seine Zeit, Laaber 1996.

Dostojewski, Fjodor M., Die Brüder Karamasow, München 1996 (1880).

Dümling, Albrecht, Als stünde Mahler selbst am Pult, in: Der Tagesspiegel, 15. 12. 1995, S. 28.

Furtwängler, Elisabeth, Über Wilhelm Furtwängler, Wiesbaden 1979.

Furtwängler, Wilhelm, Ton und Wort, Aufsätze und Vorträge 1918 bis 1954, Wiesbaden 1954.

Gavazzeni, Gianandrea, Le Feste Musicali. Scritti d'occasione, Mailand 1944.

Gerhartz, Leo Karl, Spiele, die Träumen von Menschen nachhängen ..., in: Musik-Konzepte 10, 1979, S. 27.

Hofmannsthal, Hugo von, Buch der Freunde, in: Gesammelte Werke. Reden und Aufsätze III, hrsg. von Bernd Schoeller und Ingeborg Beyer-Ahlert, Frankfurt am Main 1980.

Hölderlin, Friedrich, Lebenslauf, in: Sämtliche Werke, hrsg. von Friedrich Beißner, Frankfurt am Main 1965.

Italienische Reise. Ein literarischer Reiseführer durch Italien, hrsg. von Alice Vollenweider, Berlin 1996.

Kaiser, Joachim, Überwältigende Wiener Selbstverständlichkeiten, in: Süddeutsche Zeitung, 25. März 1976.

Kaiser, Joachim, Verdis Macbeth, Mailands Arbeiter und Pollini, in: Süddeutsche Zeitung, 5./6. Januar 1976.

Kremer, Gidon, Obertöne, Salzburg 1997.

Krockow, Christian von, Die Deutschen in ihrem Jahrhundert 1890-1990, Reinbek 1992.

Kross, Siegfried, Johannes Brahms, der Sinfoniker, in: Brahms – Studien, Band 5, Hamburg 1983.

Gustav Mahler, Briefe, hrsg. von Herta Blaukopf, Wien, Hamburg 1982.

Ein Glück ohne Ruh'. Die Briefe Gustav Mahlers an Alma, hrsg. von Henry Louis de La Grange und Günther Weiß, Berlin 1995.

Mann, Thomas, Der Zauberberg. Roman, Frankfurt am Main 1986 (1924).

Montale, Eugenio, Gedichte. 1920-1954. Italienisch-Deutsch. Übertragen von Hanno Helbling, München 1987.

Musik im Übergang, hrsg. von Hans-Klaus Jungheinrich und Luca Lombardi, München 1977.

Nono, Luigi, Der Irrtum als Notwendigkeit, Übersetzung aus dem Französischen, L'erreur comme nécessité, in: Schweizerische Musikzeitschrift 123 (1983), S. 270. Deutsch von Reinhilde Eisenhut.

Nono, Luigi, Texte. Studien zu seiner Musik, hrsg. von Jürg Stenzl, Zürich und Freiburg 1975.

Polaczek, Dietmar, Die Mailänder Scala. Ein Tempel für das hohe C, Merian Jg. 38 (1985), Heft 10, S. 143.

Reimann, Heinrich, Johannes Brahms, Berlin 1903.

Riess, Curt, Furtwängler. Musik und Politik, Bern 1953.

Schönberg, Arnold, Stil und Gedanke, Frankfurt am Main 1992 (1912).

Sizilianische Volkslieder, in: Canzuni e Ninnenanne. Melodie popolari siciliane, La Punta 1998.

Stendhal, Henri Beyle, Reise in Italien. Rome, Naples et Florence en 1817, nebst zahlreichen Briefen und unveröffentlichten Fragmenten, dt. Bearb. von Friedrich von Oppeln-Bronikowski, Nachdruck der Ausgabe Jena 1911, München 1996.

Stenzl, Jürg, Luigi Nono, Reinbek 1998.

Swarowsky, Hans, Wahrung der Gestalt. Schriften über Werk und Wiedergabe, Stil und Interpretation in der Musik, hrsg. von Manfred Huss, Wien 1979.

Thärichen, Werner, Paukenschläge. Furtwängler oder Karajan, Berlin 1991.

Tomatis, Alfred A., Der Klang des Lebens, Reinbek 1987.

Töteberg, Michael, Federico Fellini, Reinbek 1989.

Giuseppe Verdi, Briefe, hrsg. von Werner Otto, Kassel 1983.

Walter, Bruno, Thema und Variationen, Frankfurt am Main 1960.

Weigel, Hans, Das Buch der Wiener Philharmoniker, Salzburg 1967.

Wien. Ein literarisches Portrait, hrsg. von Joseph Peter Strelka, Frankfurt am Main 1995.

Nachwort

Ein Buch kommt zustande in dem Geflecht der Beziehungen, in dem der Autor sich bewegen kann – und für die er dankbar ist: So möchte ich Ulrich Eckhardt für sein Vertrauen danken, das er mir entgegengebracht hat, und Elmar Weingarten für seine neugierige und sachliche Freundlichkeit, wie auch Ulrich Meyer-Schöllkopf für seine Ermutigungen am Beginn des Projekts. Wieviel Berlin seinen Intendanten schuldet, die es ermöglichen, daß in dieser Stadt der lebendige Geist weht (und lebte sie denn, hätte sie nicht ihre musikalische Kunst?) – das kann öffentlich gar nicht oft genug erkennbar werden. Auf diese Meister stimme ich ein Loblied an.

Ein Autor schreibt auf, was er in Gesprächen erfährt. Nur in dieser dialogischen Produktion kommt etwas, das vielleicht wichtig wird, zustande. Dabei entstehen Erfahrungen für mich nur dann, wenn ich mich auf Erkundungen begebe und etwas entdecken kann. Auf dieser Reise hat mich Elisabeth Bingel, Musikerin, Psychoanalytikerin und Lebensgefährtin, begleitet, meine Launen ertragen, mir Hilfe gewährt, mein spannungs- und abwechslungsreiches Suchen gefördert. Mich auf der sehr großen Landkarte der Musikwissenschaft zurechtzufinden, wurde mir immer wieder leichtgemacht, da mich Hartmut Fladt, Musikwissenschaftler und Komponist, mit freundschaftlicher Kritik beraten hat. Paul Smaczny war, auch wenn er an so vielen Orten der Welt seine Musikfilme dreht, ein Helfer in praktischen Fragen. Begeistert hat mich auch Cordula Groth mit ihren Bildern von der Musik und den Musikern.

Ohne die engagierte Mitarbeit von Tosca Maria Bürkle, ohne ihre Geduld und ihren Glauben an die Sache auch in Situationen, in denen ich beinahe ungläubig geworden wäre, hätte die Idee des Buches nicht die Gestalt, die ich mir gewünscht hatte, annehmen können.

Jedem Musiker ist es vertraut – für sein Spiel braucht er mindestens einen, der zuhört, einen, der antwortet. Um wieviel mehr gilt dies für die Musikerinnen und Musiker des Berliner Philharmonischen Orchesters, die sich so außerordentlich im Wechselspiel der Klänge, in deren Beziehungen und Verknüpfungen austauschen – in jener Sprache, in jenem Reich der Musik. Diese konnte ich durch sie hörend erforschen.

Und durch Claudio Abbado, den ich von der liebenden Zuwendung zu seiner Arbeit abgehalten habe, der er jede Minute widmet – er hat es mir mit Humor verziehen –, indem ich ihn mit meinen Fragen beschäftigt habe: Was ist ein Dirigent, einzigartig als lautloser Musiker, der als Instrument nur seinen Körper hat, sein Denken, seine Empfindungen und seine Erfahrungen; was vollzieht sich während der Aufführungen in ihm; wie spricht er vermittels seines Gesichts, seiner Hände, seiner Körperbewegungen, abstrakte Zeichen auf dem Papier in lebendige Klänge verwandelnd, die durch ihn, durch sein Wollen und Tun zu einem atmenden Kunstwerk werden, das die anderen, die Musiker, zusammen mit ihm erschaffen? Einem Kunstwerk, das über den Alltag und die Alltäglichkeit, die sich oft gleichgültig verhält und daher in Grausamkeit umschlägt, triumphiert.

Diese Idee ist Peter Diamand zeit seines Lebens selbstverständlich gewesen; ihm, dem Erfinder des Holland-Festivals, dem Leiter des Edinburgh-Festivals, dem Intendanten verschiedener Orchester, Berater der Musiker, väterlicher Freund Daniel Barenboims und Claudio Abbados. Wer je seine Stimme am Telefon vernommen hat, weiß, so unvergleichlich wie er hat keiner zugehört.

In der Eingangstür seiner Londoner Wohnung stand er, den erwartend, der mit dem Fahrstuhl heraufkam, den

Kopf leicht seitwärts geneigt, das blaue Jackett saß etwas verschoben, eine Zigarette in der Hand, und seine Augen sahen mich, wie die anderen Menschen, traurig und gütig und spöttisch an. Als er mich begrüßte, wußte ich, was es heißt: die Würde eines Menschen heiter zu verkörpern.

Peter Diamand flüchtete mit seiner Mutter 1933 nach Holland und überlebte, in einem Wandschrank versteckt, die Pogrome der Deutschen. Während der Besatzung und in dieser ausweglosen Verzweiflung hat er mit anderen Verfolgten die Idee des Holland-Festivals, des ersten internationalen Musikfestivals in Europa nach dem Zweiten Weltkrieg, entworfen. Die Musik war zeit seines Lebens seine Geliebte, er liebte sie, wie er die Oper, die Sänger, die Musiker, die Dirigenten und die Komponisten liebte. Er wußte, daß der symbolische Ausdruck, das musikalische Kunstwerk, wahrhaftig und menschengerecht sein kann; darin ist es der gewalttätigen Macht überlegen.

Inhalt

Johann Sebastian Bach

Eine Biographie
Von Charles Sanford Terry
it 2588. 302 Seiten

Johann Sebastian Bachs Leben währte fünfundsechzig
Jahre – aber das eigentliche Leben seiner Werke setzte
erst ein Menschenalter nach seinem Tod ein. Die Zeit hat
Bach und sein Werk nicht nivelliert, sondern zu einer
nicht wegzudenkenden Grundlage unserer Kultur werden lassen. Charles Sanford Terry zeichnet in seiner Biographie Leben und Lebenswelt, das einzigartige Werk
und Wirken des Komponisten nach. Er hat sich in seiner
Darstellung darauf konzentriert, Bachs Persönlichkeit,
die unter der pyramidalen Last seiner Werke schon damals verschüttet zu werden drohte, sichtbar zu machen
und schärfer zu konturieren.

NF 50/1/10.00

Georg Friedrich Händel

Eine Biographie
Von Christopher Hogwood
Aus dem Englischen von Bettina Obrecht
Mit 100 Abbildungen
it 2655. 560 Seiten

Georg Friedrich Händel ist neben J. S. Bach der bedeu-
tendste und meistgespielte Komponist des Barock. Christopher Hogwoods Händel-Biographie führt dem Leser
ein von den Übermalungen der Zeit gereinigtes Händel-
Bild vor Augen. Hogwood stützt sich vor allem auf die
zahlreich überlieferten zeitgenössischen Dokumente, die
er mit psychologischem Geschick zum Sprechen bringt.
Und er zeigt, daß Händels Schaffen sich nicht in den po-
pulären Oratorien und Concerti grossi erschöpft, sondern daß seine Opern und Oratorien eine Fülle großer
Musik enthalten.

Christopher Hogwood, geboren 1941, englischer Dirigent, Cembalist und Musikschriftsteller, leitet seit 1973
die Academy of Ancient Music.

NF 49/1/10.00

Giuseppe Verdi

Eine Biographie
Von Christoph Schwandt
it 2696. 304 Seiten

Geboren wurde er 1813, als seine Heimatprovinz Parma
noch zum napoleonischen Frankreich gehörte. Mit *Nabucco* gab der 28jährige Komponist – im österreichischen
Mailand – der italienischen Oper ihre Vitalität wieder.
Sein Rigoletto eroberte 1851 von Venedig aus als erster
unmittelbarer Welterfolg der Operngeschichte die Büh-
nen aller Kontinente. *Don Carlos* kam als französische
Grand Opéra im Paris Napoleons III. heraus, das zeit-
weise Giuseppe Verdis Wahlheimat war. Als der Schöpfer
von *La Traviata* und *Otello* am 27. Januar 1901 starb,
war er der berühmteste Italiener seiner Zeit.

Christoph Schwandt, geboren 1956, bis 1994 Dramaturg
der Salzburger Festspiele, arbeitet als Autor für den öf-
fentlich-rechtlichen Rundfunk.

NF 46/1/10.00

Die großen Komponistinnen

Lebensberichte

Von Danielle Roster
Mit zahlreichen Abbildungen
it 2116. 435 Seiten

Thema dieses Buches sind die Lebensgeschichten und das Schaffen von fünfzehn hervorragenden Komponistinnen aus der Zeit des 12. bis 20. Jahrhunderts. Die Auswahl beruht auf dem Wunsch, komponierende Frauen aus möglichst unterschiedliche Epochen, Ländern, gesellschaftlichen Schichten, mit sehr verschiedenen Lebensgeschichten zu präsentieren. Ziel war es, über die jeweilige Biographie und das Werk hinaus, auf die allgemeinen Konflikte komponierender Frauen hinzuweisen, Konstanten in der Rezeption ihrer Werke aufzuzeigen und die Kontinuität des musikalischen Schaffens von Frauen zu beleuchten. Knappe thematische Exkurse informieren über die Stellung der Musikerin in den verschiedenen Ländern und jeweiligen Epochen. Vorgestellt werden Hildegard von Bingen, Barbara Strozzi, Elisabeth Jacquet de La Guerre, Wilhemine von Bayreuth, Marianne Martinez, Fanny Hensel-Mendelssohn, Clara Schumann-Wieck, Ethel Smyth, Nadia und Lili Boulanger, Germaine Tailleferre u.a.

NF 47/1/10.00

Frauen mit Flügeln

Lebensberichte berühmter Pianistinnen

Von Clara Schumann bis Clara Haskil
Herausgegeben von Monica Steegmann
und Eva Rieger
it 1714. 402 Seiten

Tagebucheintragungen, Briefe und Autobiographien berichten über die Karrieren von acht großen Musikerinnen: Clara Schumann, Amy Fay, Mathilde Verne, Adeline de Lara, Clara Haskil, Lili Kraus, Rosalyn Tureck und Moura Lympany. Mutig, beharrlich und tatkräftig stellten sie sich ihrem bewegten Leben. Keine der in diesem Band vorgestellten Musikerkarrieren verlief wie im Bilderbuch; was kometenhaft begann, wurde später oft be- und verhindert – durch die Familie, Ehe, Kinder, Hausfrauenpflichten, Krankheiten, Geldnot. Den wenigsten von ihnen war bewußt, daß sie die Konventionen verletzten, sobald sie auf dem Klavierstuhl Platz nahmen.

NF 48/1/10.00

Große Stimmen

Von Enrico Caruso bis Jessye Norman

Von Jens Malte Fischer
st 2484. 641 Seiten

Mit der Beschreibung der kometenhaften Karriere des jungen Neapolitaners Caruso beginnt dieses Nachschlagewerk besonderer Art, mit der Schilderung Jessye Normans Auftritt anäßlich der 200-Jahr-Feier, wo sie in eine riesige Trikolore gehüllt, die Marseillaise sang, endete es. Dazwischen liegen weit über 200 Porträts, mit denen der Theater- und Musikwissenschaftler Jens Malte Fischer nicht nur die künstlerische Leistung der Poträtierten würdigt, sondern durch Biographisches, selbst Anekdotisches den Menschen hinter der großen Stimme sichtbar macht.

So ist dieser Band nicht nur ein ergiebiges Nachschlagewerk, sondern überdies ein immer wieder anregendes Schmökerbuch, das den Heroinen und Heroen des Belcanto auch ganz menschliche, liebenswerte Seiten abgewinnt. Ein Standardwerk für jeden Liebhaber des Gesangs.

Jens Malte Fischer, geboren 1943, studierte Germanistik, Geschichte und Musikwissenschaft und erhielt eine Gesangsausbildung. Heute lehrt er als Professor für Theaterwissenschaft an der Universität München.

NF 276/1/10.00

Cecilia Bartoli

Eine Liebeserklärung

Von Kim Chernin und Renate Stendhal
Aus dem Amerikanischen von Wolfgang Skwara
und Renate Stendhal
st 2885. 248 Seiten

Cecilia Bartoli ist »der« neue Star der Opern- und Gesangswelt. Jeder ihrer Auftritte zwischen Tokio, Berlin und New York ist ausverkauft. Die Fans lieben sie für ihren Gesang – und ihre Ausstrahlung. Auch Kim Chernin ist ihrem Zauber erlegen, als sie die Mezzosopranistin 1991 zum erstenmal hörte. Die kritische Musikliebhaberin wurde zum Fan. Ihr Buch, dem Renate Stendhal ein kommentieres Verzeichnis der Auftritte Bartolis beifügte, ist eine Liebeserklärung an die großartige Sängerin.

Kim Chernin, geboren 1944, arbeitet als Schriftstellerin und Psychanalytikerin in Berkeley, Kalifornien. 1998 erschien im Suhrkamp Verlag *Über die Grenze. Eine Entdeckungsreise.*

Renate Stendhal, geboren 1944, arbeitet als Schriftstellerin und Therapeutin in Europa und Berkeley, Kalifornien.

NF 275/1/10.00

Ballett- und Opernführer
im insel taschenbuch

Herausgegeben von der
Staatsoper Unter den Linden Berlin

Adolphe Adam. Giselle. Ballett in zwei Akten.
it 2914. 120 Seiten

Vincenzo Bellini. Norma. Oper in zwei Akten.
it 2905. 144 Seiten

Harrison Birtwistle. The Last Supper. Ein Opernführer.
it 2910. 120 Seiten

Elliot Carter. What next?
Arnold Schönberg. Von heute auf morgen. Zwei Einakter.
it 2904. 176 Seiten

Giacomo Meyerbeer. Robert le Diable. Oper in fünf Akten.
Ein Opernführer. it 2908. 152 Seiten

Wolfgang Amadeus Mozart. Die Entführung aus dem Serail.
Singspiel in drei Aufzügen. Text von Johann Gottlieb Stephanie d. J. it 2912. 120 Seiten

Wolfgang Amadeus Mozart. Don Giovanni. Dramma giocoso in zwei Akten. Ein Opernführer. it 2911. 128 Seiten

Wolfgang Amadeus Mozart. Die Hochzeit des Figaro.
Opera buffa in vier Akten. it 2902. 200 Seiten

Alessandro Scarlatti. Griselda. Dramma per musica.
it 2907. 192 Seiten

Peter Tschaikowsky. Der Nußknacker. Ballett.
it 2906. 100 Seiten

Giuseppe Verdi. Macbeth. Oper in vier Akten. Libretto von
Francesco Maria Piave nach William Shakespeare.
it 2913. 120 Seiten

Giuseppe Verdi. Verdiana. Ballett zu Giuseppe Verdi.
it 2903. 112 Seiten

Richard Wagner. Tannhäuser oder Der Sängerkrieg auf der
Wartburg. Romantische Oper in drei Aufzügen.
it 2901. 200 Seiten

Richard Wagner. Tristan und Isolde. Handlung in drei Aufzügen. it 2909. 128 Seiten